教│育│知│库

历史厚重 潮涌松江

田俊兰 著

光明日报出版社

图书在版编目（CIP）数据

历史厚重　潮涌松江 / 田俊兰著. -- 北京：光明日报出版社，2022.8
ISBN 978-7-5194-6762-3

Ⅰ.①历… Ⅱ.①田… Ⅲ.①中学历史课—教学研究 Ⅳ.①G633.512

中国版本图书馆 CIP 数据核字（2022）第 159885 号

历史厚重　潮涌松江

LISHI HOUZHONG　CHAOYONG SONGJIANG

著　　　者：田俊兰	
责任编辑：杜春荣	责任校对：房　蓉　李佳莹
封面设计：中联华文	责任印制：曹　净

出版发行：光明日报出版社
地　　址：北京市西城区永安路 106 号，100050
电　　话：010-63169890（咨询），010-63131930（邮购）
传　　真：010-63131930
网　　址：http://book.gmw.cn
E - mail：gmrbcbs@gmw.cn
法律顾问：北京市兰台律师事务所龚柳方律师
印　　刷：三河市华东印刷有限公司
装　　订：三河市华东印刷有限公司
本书如有破损、缺页、装订错误，请与本社联系调换，电话：010-63131930

开　　本：170mm×240mm	
字　　数：180 千字	印　张：14
版　　次：2023 年 7 月第 1 版	印　次：2023 年 7 月第 1 次印刷
书　　号：ISBN 978-7-5194-6762-3	
定　　价：68.00 元	

版权所有　翻印必究

序

  我认识田俊兰老师很久了,那是2010年的深秋10月,铜仁市的我们一行20多人去深圳市参加全国中小学校本教研实施策略与教师专业发展研讨会。那时的我们怀着对全国最前沿教育理念的渴望,在培训时认真聆听专家讲授,积极参与课堂讨论,仔仔细细做笔记,在课余饭后信步闲聊中,也讨论课文,互相交流,大家甚是投缘。田俊兰老师作为仅有的两个女教师之一,温婉娴静说话不多,但她的发言有见地、有深度,再加上踏实的学习态度给我留下很深的印象。

  2022年春,她有出书之意正值请我作序,我欣然应允。

  田俊兰老师是铜仁市众多优秀人民教师里的一位代表人物,于平凡里彰显出不凡。她自20世纪90年代初大学毕业后,一直扎根、奋斗、奉献在家乡松桃这个全国深度贫困县的教学第一线,勤勤恳恳与踏踏实实是其工作作风,爱岗敬业与注重知识更新是其工作态度,到此时,近三十载青春浇灌,桃李已四处飘香。

  田俊兰老师是中学历史学科高级教师、松桃寄宿制中学原分管教育教学副校长、省级骨干教师、市级名师、市级骨干教师、市级教师培训专家库成员、铜仁市中考命题专家库成员,同时是省市县级历史优质课、微课评选评委,县级历史学科指导组成员,县期末考试月考命题人。2018年12月,田俊兰老师入选为贵州省"微课"应用活动第一批省级评审专家,

2021年3月入选为贵州省教育信息化专家库成员，……这么多头衔，这么多荣誉，足见其工作稳健与踏实，足见其爱岗敬业与注重知识更新，非常值得我们学习！

作为一位资深、出色的中学历史教师，田俊兰在繁忙的教学、科研、行政工作之余，写了一些高质量、高品位、具有大格局、传递正能量的历史学科教学论文、教学实践创新设计，实在是令人深深地钦佩、由衷地感慨。她的这部专著《历史厚重　潮涌松江》，从教育教学研究与实践、创新设计与反思、课题研究、市级名教师工作、培训读书学习心得体会与汇报材料五个方面，记载了她在历史教学教研路上的身体力行和深入思考。

这本书，第一章是中学历史科目的教学话题，主要是教学新法探索，历史学科核心素养的培养，观点正确，条理清晰，体系完整，对历史教学大有启发、裨益良多。第二章是创新设计与反思，田俊兰以丰富的教学经验、渊博的历史学识，对课堂教学、微课教学进行创造性设计，使学生的自主性、独立性、能动性和创造性得到张扬和提升，对当前中学历史教学具有重要的指导性和启发性。第三、四、五章都是作者教育教学实践的探索及外出培训学习的经验总结和心灵话语。

这十多万字的作品，是她近30年深入钻研、精心撰写的结晶，她的多篇文章、教学设计获得了省市县校的重要科研或教学奖项，或在一些权威专业学术刊物上发表过，得到了同行的高度评价，具有一定的普及价值。

衷心祝愿并坚定地相信不懈追求与勤奋创新的田俊兰老师，一定会在教育教学的道路上走得更高更远，创造出更加精彩的成绩，培养出更多优秀的学生！

代泽斌
2022年4月12日

目 录
CONTENTS

第一篇　教育教学实践与研究 …………………………………………… 1

　第一节　运用交互式电子白板打造历史高效课堂 ………………………… 3

　第二节　运用地方史料渗透"爱祖国、爱家乡"的教育 ………………… 17

　第三节　浅谈谈历史教学中的史料教学 …………………………………… 23

　第四节　把科学思维方法导入历史教学的尝试 …………………………… 28

　第五节　初中历史教学中培养学生家国情怀的策略研究 ………………… 32

　第六节　论直观教具与历史教学 …………………………………………… 37

　第七节　浅谈推行"洋思教学模式"提升我校教育教学质量

　　　　　的尝试 …………………………………………………………… 41

　第八节　新课标理念下的历史课堂教学艺术美 …………………………… 47

　第九节　图片史料在初中历史课堂教学中的有效运用 …………………… 53

第二篇　创新设计与反思 ………………………………………………… 59

　第一节　《"电气时代"的到来》教学设计 ……………………………… 61

　第二节　《"电气时代"的到来》教学反思 ……………………………… 71

　第三节　《建设中国特色社会主义》专题复习教学设计 ………………… 75

第四节 《建设中国特色社会主义》专题复习教学反思……… 84

第五节 《资产阶级统治的巩固与扩大》专题复习教学设计 …… 86

第六节 《明朝的对外关系》教学设计 ………………………… 95

第七节 《明朝的对外关系》教学反思 ………………………… 99

第八节 《文学艺术》教学设计 ………………………………… 102

第九节 《百家争鸣》微课教学设计 …………………………… 110

第十节 《百日维新》微课教学设计 …………………………… 115

第十一节 《电的应用》微课教学设计 ………………………… 121

第十二节 《巩固统一的措施》微课教学设计 ………………… 126

第三篇 课题研究 ……………………………………………… **131**

第一节 初中历史与社会学科"图片史料教学"的实践研究……… 133

第二节 运用交互式电子白板打造初中历史高效课堂的实践
　　　　研究 ……………………………………………………… 159

第四篇 市级名教师工作 ………………………………………… **175**

第一节 同课异构名师引领促教师成长
　　　　——铜仁市级名教师田俊兰工作室教学研讨活动 …… 177

第二节 运用交互式电子白板展示初中历史课堂精彩
　　　　——铜仁市级名教师田俊兰工作室教学研讨活动 …… 182

第五篇 培训读书学习心得体会及汇报材料 …………………… **189**

第一节 《洋思教改深水区》读书心得 ………………………… 191

第二节 赴深圳参加全国中小学校本教研实施策略与教师专业
　　　　发展研讨会学习汇报材料 …………………………… 195

第三节　赴苏州参加信息化管理干部领导力提升培训班学习心得
　　　　体会 …………………………………………………………… 199

第四节　国培计划（2019）中西部项目
　　——易地扶贫搬迁安置点中小学校长培训心得体会 ……………… 204

第五节　松桃苗族自治县2018年寒假中小学校长及后备干部培训
　　　　学习汇报材料 …………………………………………………… 207

第六节　国培计划（2017）中西部项目
　　——区域性教师网络研修与校本研修培训心得体会 ……………… 210

第一篇 01
教育教学实践与研究

第一节　运用交互式电子白板打造历史高效课堂

十几年前，我们的课堂就是教师加一支粉笔、一块黑板，整个课堂是整齐划一的，而如今，我们的课堂变了，已是形式多样、声光俱全了。是什么改变了这一切呢？自然要归功于日新月异发展的现代教育信息技术。今天，代表新现代教育信息技术的交互式电子白板多媒体系统，已经广泛用于课堂教学，它不仅改变了课堂传统的、单一的教学模式，而且使我们的课堂既丰富多彩又呈现现代的时尚感。

2018年4月教育部颁布了《教育信息化2.0行动计划》，文中指出："教育信息化2.0行动计划是加快实现教育现代化的有效途径，没有信息化就没有现代化，教育信息化是教育现代化的基本内涵和显著特征，是'教育现代化2035'的重点内容和重要标志。"教育信息化能够突破时空限制、快速复制传播、呈现手段丰富的独特优势，是促进教育公平、提高教育质量的有效手段，是构建泛在学习环境、实现全民终身学习的有力支撑，可以大幅提高教育科学决策和综合治理的能力。当前，我国的教育以教育信息化支撑来引领教育现代化，这是新时代我国教育改革发展的战略选择，对构建教育强国和人力资源强国具有重要而深远的意义。《教育信息化2.0行动计划》把教育信息化纳入到国家信息化发展战略的重要组成部分中，是实现教育现代化、实施素质教育、全面提升教育教学质量的有效途径。因此，加强信息技术与学科的深度融合，打造高效课堂，实现课堂教学的有效性，是我们当前的主要任务。

交互式电子白板是一款在国际上新近崛起的数字化演示设备，这款设备汇聚了尖端电子技术、互联网技术与软件技术等多种高科技手段，是采用高科技手段研究开发的新技术产品。这款产品通过与投影机、计算机的联机使用，利用计算机的数据处理功能和互联网的信息传递功能，可以轻松实现书写、几何画图、编辑、标注、存储、打印和远程交互共享等。交互式电子白板信息容量大，与多媒体网络技术的结合，为学生提供了丰富多彩的、图文音像并茂的交互式界面。因此，交互式电子白板在课堂教学中能够激发学生的学习兴趣，吸引学生的注意力，使学生在课堂上保持持续兴奋和稳定的注意力。与此同时，交互式电子白板具有教学信息传递的便捷性和信息保存的及时性，有强大的信息交流平台，能够使教育者、学习者、媒体、学习信息四要素之间联系紧密，提高学习者接受有效信息、排除无效信息的能力，交互式电子白板为整合课堂提供了一个有效的平台。

我校松桃民族寄宿制中学是县初中教育的"龙头"学校，近年来多次荣获市级教学质量奖，教学质量如何更上一层楼，是摆在我们面前的问题。截至2011年3月，上级部门为我校所有教室都配备了交互式电子白板希沃电子白板5，给我校教学质量的提升提供了一个发展的契机。交互式电子白板运用现代教育技术为教育教学服务，充分展示现代教育技术在课堂教学中的魅力，增强课堂中的师生互动、生生互动，调动学生学习的积极性，打造高效课堂，提升教学质量，使我校能够更好地发挥示范作用。

在大力提倡有效教学的今天，构建高效课堂已成为各级各类学校的共识，在历史课堂上已从传统的教师给学生满堂灌的教学模式向以学生"学"为中心的新型模式转变，培养学生的能力更需要多媒体教学的辅助，在初中历史教学中充分运用交互式电子白板，打造高效历史课堂，是提高历史课堂教学质量的一种强有力的途径。教师适时适势地运用交互式电子白板，能够起到加深理解、巩固知识的功效，调动学生学习的积极性让课堂充满活力，能够强有力地打造高效历史课堂，达到优化教学的目的。在这里，就初中历史课堂教学如何充分运用交互式电子白板，打造初中历史高效课堂的途径做一番探讨和尝试。

一、运用交互式电子白板的资料库功能，呈现丰富多彩的历史图片资料

在历史课堂教学中，历史图片资料是了解历史的重要途径之一，历史对于学生而言，是过去的知识，有一定的年代感、距离感，教师用语言描述历史图片材料上课，会使课堂显得有些单调乏味，会使学生缺乏兴趣，课堂教学效果差。交互电子白板具有储存资料的功能，教师备课时，把所需要的历史图片资料存入资源库中，上课时可以随时调用资源。

打造高效历史课堂教学，就要使课堂变得生动有趣，教师在教学中运用交互式电子白板的资料库功能，用丰富多彩的图片资料直观呈现历史场景，既拉近历史与学生的距离，又加深学生学习历史知识的印象，既方便讲述，又能收到事半功倍的教学效果。

例如，我在讲授远古人类遗址时，就要把选好的中外文献里海量的复原历史场景图存入资源库，上课时，从交互式电子白板中调取，用图片再现还原远古人类人物本来的面貌，用"遗址"图片再现了当时的生活场景。(如图1.1.1) 这样，我通过交互式电子白板图片资源，扣动学生的心弦，化无形为有形，直观再现历史。

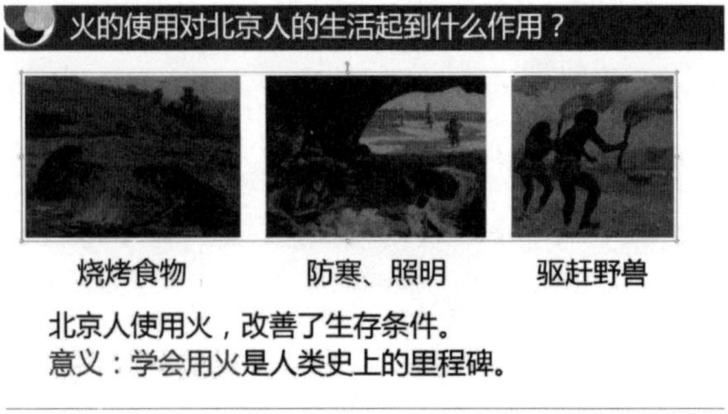

图 1.1.1　白板呈现的内容

  我在讲述文艺复兴这部分历史知识时，选取一些文艺复兴时期的古画作品图片、历史人物的画像、古代艺术品的图片、展现古代丰富社会生活的图片，让学生真实地感受到那个时代充满人文气息的历史，通过图片对那个时代进行艺术解读。在讲文艺复兴时期"美术三杰"时，我就可把达·芬奇的《最后的晚餐》《蒙娜丽莎》、拉斐尔的《西斯廷圣母》等世界名画及米开朗琪罗的《大卫》等雕塑作品的图像展示出来（如图 1.1.2），拉近学生与世界名画的距离，让学生饱览艺术名品，充分感受艺术作品带来的人文冲击力，使学生更直观地了解文艺复兴时期艺术的成就，我并通过对作品的解析，帮助学生理解文化传承与创新，理解文化名人所创造的世界艺术作品的生命力和历史价值。

图 1.1.2 白板呈现的内容

在讲授中国近代史时，我选取历史的黑白照片，来贴近契合教材内容，通过交互式电子白板展示照片，呈现当时的情景。比如我在讲解"一二·九"学生运动的内容时，展示一些示威游行的学生的照片（如图1.1.3），让学生身临其境、感同身受，感受爱国学生的以天下为己任的爱国激情和行动。

图 1.1.3 白板呈现的内容

二、运用交互式电子白板软件的教学功能，展示丰富的历史文献材料，拓展课堂容量

近几年来，我市（贵州省铜仁市）中考历史材料题占总分值的30%左右，所以对材料处理能力的培养是历史教学的重要目标之一。在中学历史课堂教学中，教师有必要经常运用历史材料培养学生阅读、理解、判断、分析和运用历史材料的能力。在初中历史教学中，传统的教学手段在很大程度上制约着教师在课堂上对历史材料的运用，从而影响打造高效历史教学课堂的效率和质量，特别是当板书量比较大时，占用教师的时间比较多，会使课堂节奏较慢。使用了交互式电子白板后，教师的板书量减少了，课堂教学节奏加快了，一节课的容量明显增加了，使得教学任务得以顺利完成并收到良好的效果。特别是在讲解历史文献资料时，教师借助交互式电子白板的教学功能，就能随心所欲地把自己要摘录的材料用剪接的方法从Word文档调离展示在银幕上，就能对所需材料进行屏幕批注、遮挡隐藏、分批呈现等。这样既能强调重点，又能增加材料的阅读量，拓展课堂容量，可谓一举多得。

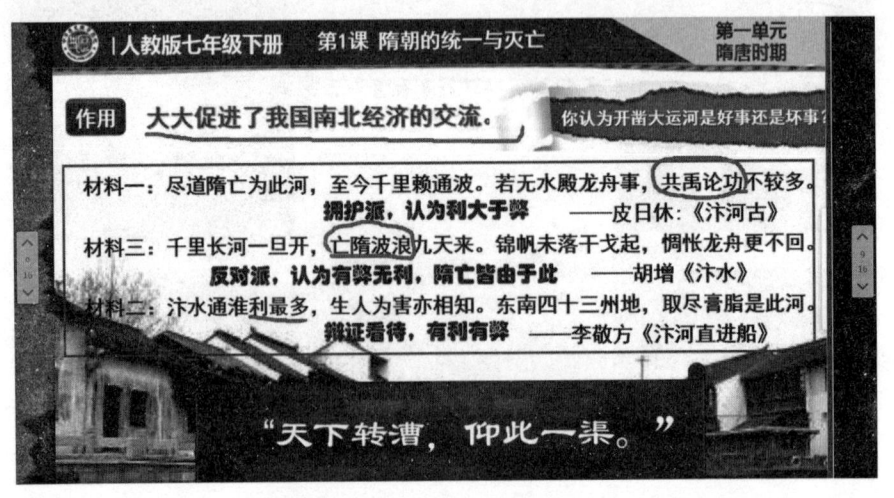

图 1.1.4　白板呈现的内容

比如：我在讲述隋朝大运河的作用时，首先让学生展开讨论"你认为开凿大运河是好事还是坏事？"，然后运用交互式电子白板把对修建大运河评价的材料剪接展示出来。

最后，对这些材料进行解读，在解读的过程中，我利用电子白板的屏幕批注功能，实时加上一些重点词语的批注、下划线（如图1.1.4），让学生知道材料中诗人对修建大运河个人评价的重点内容，让学生学会辩证地看待隋炀帝修建大运河的功过是非，让学生了解大运河的修建大大促进了我国南北经济的交流，让学生对隋朝大运河的作用有更深刻的理解。我通过交互式电子白板屏幕批注等教学功能，在整个教学过程中学生是学习的主体，在独立批注和互动讨论中提高了学生思维的独立性和深刻性。

我在讲述第二次工业革命的背景时，就运用交互式电子白板遮挡隐藏、分批呈现功能，把19世纪自然科学巨大进步的相关材料分批呈现出来，让学生清楚知道自然科学的巨大进步为这次革命提供了技术条件。我再运用交互式电子白板，把为适应工业革命的需要，各国掀起了一场国家体制改革和革命的狂潮的材料也分批呈现出来（如图1.1.5），让学生清楚知道资本主义制度在世界范围确立是这场革命的基础。根据学习进度，教师分批呈现资源，不仅有利于学生集中注意力，更能有效引导学生思维发展。

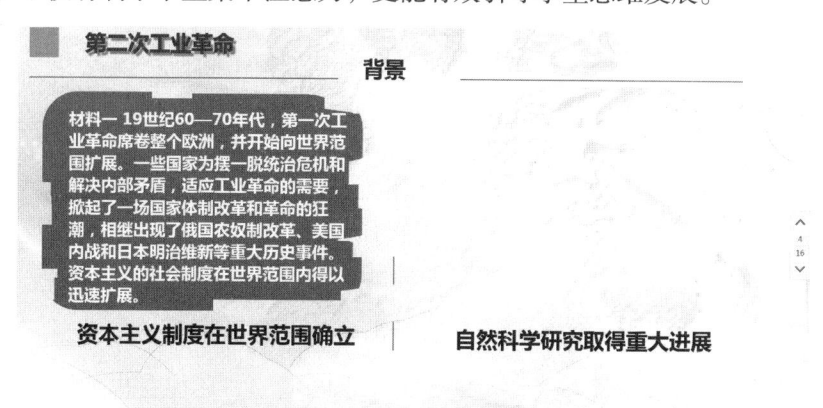

图1.1.5 白板呈现的内容

运用交互式电子白板软件的教学功能，教师能够根据教学需要展示丰富的历史文献材料，拓展课堂容量。

三、运用交互式电子白板的思维导图功能，演示历史发展进程和知识结构

历史知识是一个整体，是由点、线、面构建的知识网络。学生如果只掌握零碎的知识，孤立地去记忆一些分散的知识点，不可能把历史这门学科学好。要想学生学好历史，教师必须抓住知识点之间的联系，把大量分散的、相对孤立的历史事实、历史概念和历史结论纳入到完整的学科体系中，构建知识结构体系，才能提高历史课堂教学质量，才能提高学生的历史学科能力。学生整体、系统地把握历史知识，并从中把握不同历史时期的基本特征与发展趋势，认识历史发展的基本线索和规律，这是历史教学的目的之一。

思维导图是一种简单有效的表达思维的工具，具有系统性、发散性特点。思维导图的系统性特点，能够把知识进行系统性的串联，把凌乱、复杂、琐碎的知识点形成一个网状结构，有益于学生对所学知识点进行整体把握。学生通过思维导图上的关键词对知识点进行整理，有利于加深对内容的理解和记忆，能够在脑海中构建起自己的知识体系，便于对知识进行掌握。思维导图的发散性特点，使学生思维有一个不断向外发散的网状结构，思维不断得到发散，学生可以进一步在思维导图的分支上不断合理地延伸问题，这样，可以开阔自己的视野，与原有知识点连接起来，便于记忆。

教师借助交互式电子白板的思维导图功能，能够简明扼要、形象直观地把历史进程和知识结构在课堂上演示出来，做到既便于学生掌握，又有利于培养学生的知识梳理能力和整体逻辑思维能力，还能在很大程度上提高课堂教学效率，极大地提高学生对知识整体把握的水平。例如：我在讲授部编教材中国历史上册第7课"八国联军侵华战争与《辛丑条约》签

订"时，为了让学生理解近代中国如何逐步沦为半殖民地半封建社会，我利用思维导图，把中国近代史上对中国近代社会影响最深的战争列举出来（如图1.1.6）。

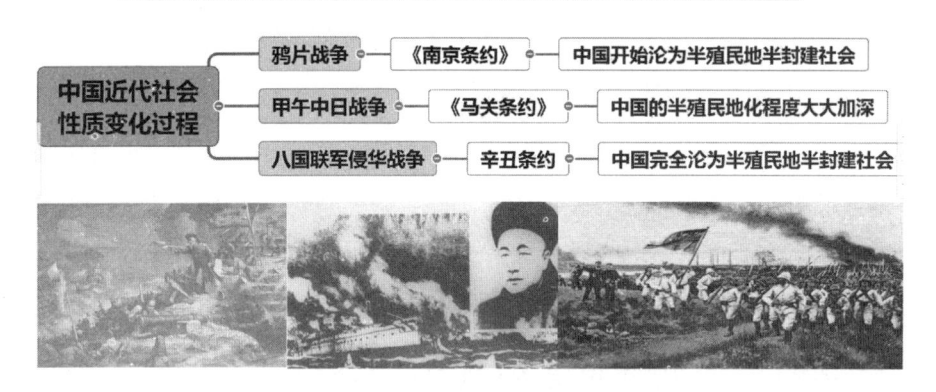

图1.1.6　白板呈现的内容

我然后对三次战争之后所签订条约的内容进行分析，让学生清楚地知道鸦片战争、甲午中日战争、八国联军侵华战争对中国社会的影响，给中国社会带来的危害。三次战争条约的签订，使中国半殖民地半封建的社会性质最终确立，让学生清楚中国半殖民地半封建社会形成的主要过程。教师通过思维导图，提升学生整体逻辑思维能力，提高课堂教学效率，极大地提高学生对知识整体把握的水平。

四、运用交互式电子白板的内置练习功能，提高教学效率，强化课堂训练

自2010年3月以来，我校大力推行课堂教育教学改革，在课堂教学方式上尝试推行"先学后教当堂训练"的洋思教学模式，课堂训练是洋思教学模式的一个重要环节。通过课堂训练，学生能够把一节课所学所感的知识真正地激发并运用。这种课堂教学模式能起到巩固课堂教学知识、使学生加深对知识的理解、掌握知识的重要作用。

在运用交互式电子白板的过程中，教师可以选择相当多的内置练习、课堂练习，这些练习的形式也丰富多样，如基础的选择、填空，深入的拼图、游戏等。交互式电子白板的内置练习功能既解决了传统教学的单一性与枯燥感问题，又提高了教学效率，强化了课堂训练。

我在讲授部编教材初中历史七年级下册第3课"盛唐气象中多彩的艺术"时，就根据学生学习需要编制了课堂训练，选取部分唐朝时期的诗歌、书法、绘画内容，分别列出作者及代表作。教师运用交互式电子白板内置练习功能，让学生在课堂上进行填空、连线练习（如图1.1.7），学生通过这样的练习加深了对唐朝艺术作品的记忆理解。教师利用交互式电子白板内置练习功能，能提高教学效率，强化课堂训练，把大量作业展示出来进行课堂训练，一则方便；二则能节省时间，增加训练内容；三则能够当堂批注，从而提高教学效率。

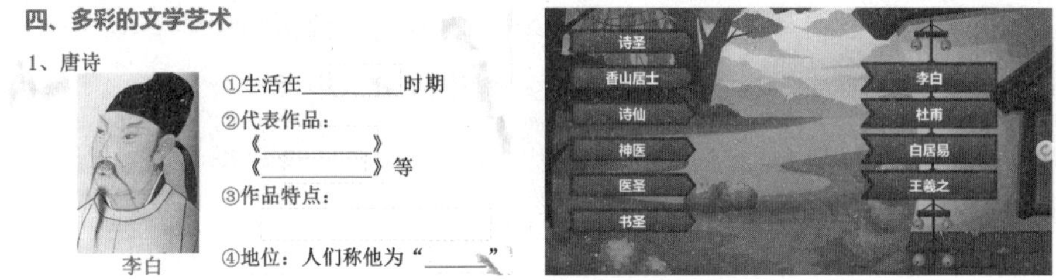

图1.1.7 白板呈现的内容

五、运用交互式电子白板的播放视频功能，让历史课堂充满活力

历史学科是一门人文学科，是一门思辨性很强的学科。一支粉笔、一块黑板、一本教材和一张嘴是传统历史教学的生动写照，传统的课堂枯燥无味，学生在其中只是配角，完全没有主动权，只是被动地服从、配合教师，学生的思维处于完全的休眠状态。

历史的过去性特点，使我们单凭主观想象借助语言文字描述去认知历史是很不够的,现代科技为我们认识历史提供了很大的便利。在历史课堂教学中,我们运用交互式电子白板的播放视频功能,能让学生更多地直观感知历史,让活生生的历史人物、历史事件走进他们的视野,例如:在讲述二战的转折点斯大林格勒保卫战时,教师可以借助电影《兵临城下》中的片段进行教学,让学生了解战争的残酷性和苏联红军在卫国战争中浴血奋战的情况,不仅可以再现历史情景,激发学生的兴趣,促进学生的感性认识向理性认识转化,而且活跃课堂氛围,使历史课堂充满活力,这样教学效果就好得多。

六、运用交互式电子白板的课堂活动授课助手功能,增强教学互动,激发学生学习兴趣

教师上课只站在讲台上,很难实施教学互动,教师走下讲台,放下身段,与学生在一起,缩短师生间的距离,才能建设相应的师生环境。交互式电子白板强大的交互功能,为课堂教学互动提供了技术可能和便利的条件,改变了课堂上教师问学生答的互动方式,为体现以学生为主体的课堂教学提供了技术支撑。交互式电子白板使每堂课都成了课堂的现场直播,将人机互动、师生互动、生生互动有机结合在一起,使学生直接观看、亲身参与,学习了知识,交流了情感,有力地促进了知识与情感目标的达成。

比如:我在讲授第二次工业革命时,借助交互式电子白板的功能,设置了课堂活动环节,把两次工业革命的成果、发明者等内容设计成游戏,学生分成两组,通过竞赛实现了教学互动,巩固了知识。(如图 1.1.8)

历史厚重　潮涌松江　>>>

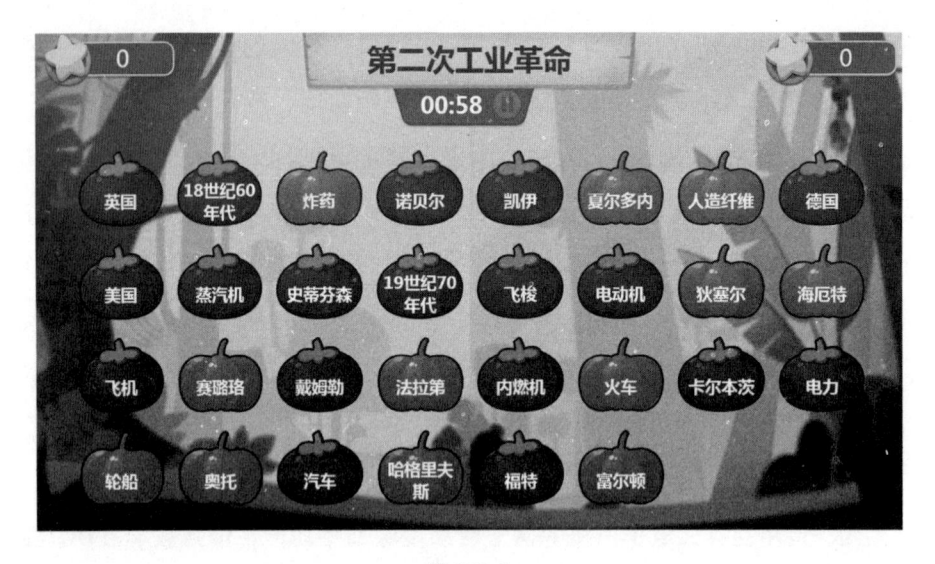

图1.1.8

再比如：进行西藏问题的讲授时，在讲到以达赖喇嘛为首的"藏独"分子分离祖国时，有学生会问："'藏独'指的是什么人？"课本中并没有提到这个知识点，老师如果回避这个问题，会使学生心中疑惑，影响学习效果。因此，我在课前要进行充分的准备，可以在网络中搜索出关于"藏独"分子的相关知识内容，拍成照片收藏到手机相册中，上课时借助手机"授课助手"软件，对相册中的有关图片进行提取并展现在屏幕上，并进行讲解。（如图1.1.9）

图 1.1.9

  教师通过课堂教学活动这个过程丰富了学生的知识，同时也对学生进行了爱国思想培养，提升了学生的学习兴趣，同时促使学生积极参与课堂教学和学习，提高了课堂教学质量。

  以上是我在运用交互式电子白板打造历史高效课堂的一番探讨。在课堂教学中，教师运用交互式白板要依据课堂教学内容的特点，采取与之相应的方法，才能求得最佳的教学效果。当然，面对流光溢彩的新技术，我们对交互式电子白板在教学中的应用，应该注意不能喧宾夺主，也不能炫耀高技术，分散学生的注意力。总之，我们广大教师应认真实行新课程理念，更好地运用交互式电子白板，优化课堂教学，切实把学生的主体地位落到实处，打造高效课堂，提高教育教学质量。

参考文献：

［1］石映辉，杨宗凯，杨浩，等.国外交互式电子白板教育应用研究［J］.中国电化教育，2012（5）：99-103，121.

［2］王进峰.交互式电子白板的国内外研究现状［J］.自然科学（文摘版），2017，2（1）：197.

［3］胡卫星，王洪娟.交互式电子白板课堂教学应用研究的现状分析［J］.中国电化教育，2012（5）：104-108.

［4］刘海燕.浅谈思维导图在小学英语复习课中的运用［J］.亚太教育，2019（6）：61.

［5］贾治英.运用交互式电子白板直观呈现历史情境［J］.亚太教育，2015（19）：45.

第二节　运用地方史料渗透"爱祖国、爱家乡"的教育

中学历史课程标准规定的"三维"目标其中之一的情感态度与价值观，教师要向学生进行国情教育和爱国主义教育，弘扬中华民族传统美德和社会主义道德情操，进行科学的人生观、世界观教育。教师要把地方历史变迁时间（朝代）上的建制沿革与中国历史发展互相对号，让学生知道，哪个时期、哪个朝代，自己的家乡在当时所处的历史地位和名称，家乡在时间、位置、名称上与中国历史进行链接，缩短了家与国家的距离。

在日常教学中，教师通过对家乡历史名人及其背景着重介绍，让学生知道自己的家乡在历史上曾有过杰出贡献以及有推动家乡历史发展的风云人物，增强他们对家乡的自豪感，使热爱家乡的情谊，进而上升到热爱伟大的祖国。

此外，教师通过分析中国历史上的重大事件对地方历史产生的重大影响，让学生更加深入地了解中国历史，缩短了祖国历史与家乡地方历史的距离，让学生学习历史找到切入点。

同时，教师将改革开放以来家乡的巨大变化及人们生活的变化引入课堂，激发学生努力学习的激情，以及将来报效祖国、建设家乡的思想感情。

苏联教育家加里宁在他的著作《论共产主义教育和教学》中多次强调了爱国主义教育思想，他认为"家乡是看得见的祖国，祖国是扩大了的家乡""爱国主义教育是从深入认识自己的家乡开始的"。我从加里宁的著作中获得了一点历史课堂教学方法的启示，于是在历史课堂教学中，我有意识把自己的家乡——铜仁市松桃苗族自治县相关的地方史料引入课堂教学中去，增加学生对历史的亲近感和历史的可信度，提高了学生学习历史的兴趣，又弥补了地方历史与历史教科书之间的知识链接断层，同时更能激发起学生热爱家乡的情感。那么，在日常教学中，怎样才能将地方史料融入历史课堂教学中，将家乡、地方历史置于中国历史背景之下，并与中学历史教科书相关内容进行互相渗透、互为补充，渗透"爱祖国、爱家乡"的教育呢？以下就是我在历史课堂教学中的具体尝试。

一、地方历史变迁时间（朝代）上的建制沿革与中国历史发展互相对号

由于历史时代久远，话题厚重，现象错综复杂和中学生年龄、阅历的限制，中学生往往不善于思考历史，学习起来兴趣不高，感觉枯燥乏味，历史课堂缺乏生气和活力，教师如果让学生知道家乡的历史建制沿革可激发他们对自己生存的这片土地的过去和未来有了解的兴趣。

在课堂教学中，我将铜仁市的建制沿革、松桃苗族自治县的古今变迁告诉学生，让学生知道，哪个时期、哪个朝代，自己的家乡在当时所处的历史地位和名称，使家乡在时间、位置、名称上与中国历史进行链接，缩短了家与国家的距离，激发了他们了解学习的兴趣。

我的家乡铜仁市松桃苗族自治县的地理位置现在的情况如下：铜仁市，贵州省辖地级市，有"中国西部名城"之称。铜仁市松桃苗族自治县位于贵州省东北部，武陵山区腹地，东邻湖南省怀化市，北与重庆市接壤，是连接中南地区与西南边陲的纽带，享有"黔东门户"之美誉，是一块古老神奇的土地。它历史悠久，伴随着中国历史朝代的更替，行政隶属

关系也多次变动。松桃苗族自治县（简称松桃），贵州省铜仁市辖县，地处武陵山脉主峰梵净山东麓，地处黔、湘、渝两省一市结合部，与湖南的花垣、凤凰相连接，同重庆的酉阳、秀山接壤，区位适中，交通便利，古有"地接川楚，位遏三湘"之名。

早在殷商时期，铜仁市被称为鬼方，春秋前属荆楚之地，秦统一中国后，于公元前221年设黔中郡，汉高祖五年（公元前202年）改黔中郡为武陵郡，三国时期属吴国管辖，唐朝时属黔中道，宋朝时属于沅州，明朝时设铜仁府，行政划置基本稳定。清道光十二年（1832年）设铜仁松桃直隶厅，雍正八年（1730年），清政府将"铜仁苗同知"移往长冲（老松桃），至此，"松桃"这个名称才真正成为县级行政名称沿用至今。1935年，设行政督察区，第九行政督察区专员驻铜仁，管辖东边5县，后于1936年撤销第九行政督察区，第六行政督察区专员公署改驻铜仁，辖13个县，形成铜仁市今天的格局。1950年1月，铜仁市解放；1956年9月，经国务院批准，撤松桃县成立松桃苗族自治县；2011年10月22日，国务院批准铜仁撤地设市，这一行政管理体制的重大变革，标志着铜仁进入了"城市时代"。

通过对家乡松桃苗族自治县、铜仁市建制沿革的了解，学生对家乡的历史变迁有了大致的印象，理清了家乡在中国历史上发展变化的脉络，增强了他们对家乡的热爱之情。

二、对家乡历史名人及其背景着重介绍

苏联教育家苏霍姆林斯基曾经说过："学生爱祖国的情感是从爱家庭、爱学校、爱家乡……开始的。"教师要对家乡历史名人及其背景着重介绍，让学生知道自己的家乡在历史上曾有过杰出贡献以及有推动家乡历史发展的风云人物，增强他们对家乡的自豪感，使热爱家乡的情谊，进而上升到热爱伟大的祖国。

在铜仁市历史上，清朝时代贵州思南府人田秋上书朝廷请准在贵州开

科设考，朝廷准奏，在贵阳设立了第一个乡试考场，在贵州开科设考是贵州教育事业上的一件大事，田秋为贵州教育事业的发展做出了不可磨灭的贡献。清末书法家印江人严寅亮曾书写"颐和园"匾额而名噪海内。清乾隆至道光年间，松桃人杨芳曾参与平叛张格尔、抗击英军入侵，有功于国家、有功于民族，受封太子太傅，一等果勇侯，官至提督，至今县城杨芳路建有其雕塑以示纪念。早期中国共产党印江县人严希纯、红军将领思南人旷继勋、中国共产党早期革命活动家铜仁人周逸群，他们为了人民的解放事业用青春和热血谱写的壮歌荡气回肠，是中华民族的骄傲和家乡的骄傲。抗美援朝松桃苗族英雄龙世昌、优秀少数民族干部松桃人吴向必、新一代名将思南人廖锡龙、著名外交家印江人戴秉国等在松桃苗族自治县、在铜仁市的历史上都将留下深深的历史印迹。

三、在教学中有效渗透中国历史中的重大事件对地方历史产生的重大影响

渗透的目的是让学生理解家乡作为祖国的一部分，祖国的苦难和繁荣都能在家乡找到历史的烙印。在黔东历史上，千百年来，无数人民反抗封建统治和民族压迫，开展了不屈不挠的斗争。如明朝洪武十八年（1385年），思州诸洞（含乌罗、孟溪）各族人民起义被镇压后，朱元璋第六子朱桢实施主营屯田，废除土司，将当地的苗汉人民赶往镇江、台拱，即历史上的"赶苗夺业"。1431年治古土司、答意的苗族土司石各野等聚众起义，被镇压后，数万苗民被屠杀。1599年明朝对苗族地区实施"改土归流"，加强并加重了对苗族人民的统治和剥削。由于人民不堪忍受长期的压迫，1795年爆发了以松桃为起点的石柳邓起义，历时12年，涉及黔湘川鄂边13个县。1855年，在太平天国影响下，铜仁人徐廷杰、梅济鼎领导的红号军和孟溪人包茅仙领导的青莲教相继在江口和松桃起义，1857年，刘仪顺领导的白号军在思南起义。1859年松桃猫山农民领袖郎官、郎宦领导的猫山起义等，体现了黔东人民反抗暴政的斗争精神，他们的英雄

事迹名扬中华,被后人所崇敬和歌颂。

土地革命战争时期,黔东大地上飘扬着一面鲜艳夺目的苏维埃旗帜。黔东革命根据地的最高政权就是黔东特区革命委员会,这是1934年由贺龙、夏曦、关向应率领的中国工农红军第三军与黔东人民创立起来的,是黔东各族人民第一次拥有的自己的政权。

1934年10月,红六军团与红三军在印江木黄会师,当即转移至松桃石梁,开展了东进战役计划,有力策应了中央红军的长征,黔东大地在中国革命历史上写下了重要的一页。

教师通过介绍发生在家乡土地上的这些重大历史事件,使学生更加深入地了解中国历史,缩短中国历史与家乡地方历史的距离,使学生找到学习历史的切入点,让他们为家乡曾经轰轰烈烈的辉煌斗争史感到骄傲和自豪,激起他们对家乡热爱的情怀。

四、将改革开放以来家乡的巨大变化引入课堂

1978年,党的十一届三中全会做出了改革开放的重大决策,开启了中国历史的新篇章。至今,改革开放的征途已经走过了40余年,在这40余年里,中华大地发生了翻天覆地的变化,我的家乡铜仁市也不例外。

改革开放前,铜仁市底子差、基础薄,是典型的小农经济,老、少、边、穷是其代名词。改革开放之后,铜仁市自身发展的基础和条件不断改善,经过"十一五""十二五"的建设和发展,其集中力量办大事的能力得到提升,社会和谐稳定,各族人民加快发展的愿望十分强烈,基础设施建设得到了很大的改观,现在铜仁市内交通四通八达,杭瑞高速、松从高速公路的建成,铜仁凤凰机场的扩建,玉铜城际快速铁路、渝怀铁路复线的建设,缩短了铜仁市与经济发达地区的空间距离,为其快速发展带来了前所未有的机遇,铜仁的进步是我们有目共睹的。

在课堂教学中,关于改革开放以来中国的巨大变化,我通过恰当渗透铜仁的变化、松桃的变化、自己家乡的变化，找到恰当的切入点对学生进行"爱祖国、爱家乡"的教育，使学生能够认识到改革开放这一决策的正确性，更能直观地感受到我们就是改革开放的受益人，以此增强学生热爱铜仁、热爱家乡、热爱祖国的情怀，激发学生努力学习将来报效祖国、建设家乡的思想感情。

上面几点做法就是我在历史课堂教学中运用地方史料渗透"爱祖国、爱家乡"的教育，这样让地方史料有机地补充中学历史教材，让学生从地方史料和历史教材中探究其共性和个性、普遍性和特殊性，加深学生对教材同类问题的认识和理解，让学生从历史和现实中分析我们的国情，以及进一步认识国情乡情，激发学生的学习兴趣来增强课堂教学效果。教师在课堂教学中恰当地渗透地方史料，能很好地对学生进行"爱祖国、爱家乡"的教育，使学生达成情感态度与价值观的三维目标。但值得注意的是，教师介绍地方史应以历史学科教材为主线，不宜挤占太多课堂教学时间，更不能喧宾夺主，应以适度为宜。

参考文献：

[1] 田建高. 我的家乡：铜仁［M］. 北京：中国档案出版社，2002.

[2] 松桃县政协文史资料委员会. 松桃苗族自治县文史资料（一）［M］. 铜仁：内部资料，1985.

[3] 松桃县政协文史资料委员会. 松桃苗族自治县文史资料（二）［M］. 铜仁：内部资料，1985.

[4] 松桃县政协文史资料委员会. 松桃苗族自治县文史资料（三）［M］. 铜仁：内部资料，1985.

[5] 松桃县政协文史资料委员会. 松桃苗族自治县文史资料（四）［M］. 铜仁：内部资料，1985.

第三节　浅谈谈历史教学中的史料教学

史料是人类在长期的历史发展中留下的重要资料，它也是我们认识过去、重建现在与过去联系的中介，因为过去的史实已经悄然离去，无法重演，所以我们就需要借助史料来间接了解过去，要想了解过去发生的事情就必须通过阅读大量的史料来完成对历史的解读。因而，史料教学也应该成为中学生历史教学的重要方法。近年来，我国的课程改革不断深入发展，史料教学在初中教学中的运用也逐渐普遍，发挥的作用也越来越大，因此也受到了更多的关注。本文结合史料在初中教学中的目的来展开探讨，针对应用史料中出现的问题提出了指导性的策略，来增强我们对史料的研究学习。

史料是构成历史的材料，是人类历史发展过程中遗留下来的痕迹，如典籍、图表、碑文、笔记、图画等。人们对历史的了解和认识就是从史料中获取的，因此，历史教学要做到言之有据，就必须从史料出发。现行人教版初中历史教科书中引用的文献材料就许许多多，既拓展了教材的深度，增加了教学的难度和生动性，又加强了对学生历史思维能力的培养，同时也给历史教学提出了新的要求，而且，中考历史试题的导向作用，也使史料教学日益在教学内容中引起关注和重视。教材中引用的材料基本上都是围绕教材的重点、难点选取的，具有一定的情景性、典型性和启示性。我就现行教科书中引用的史料做一些初步探讨。

一、运用史料的教学意义

史料是我们了解过去，学习历史知识的重要介质，历史知识的程序性规准核心，在于怎样将史料视为历史证据，对史料证据的正当运用则是掌握历史学科程序性规准的基础。在完全领悟史料与历史之间关系的基础上，学生才能从中悟透历史知识的本质，只有认识了真正的历史，我们才会最终体现出学习历史的真正价值。

史料教学法是指在历史教学过程中，教师有目的性地指导学生对相关史料进行处理，使学生自主地从史料中获取相应的历史信息，并利用这种信息完成对一定历史进行探究的一种教学模式。传统教学中引用历史材料，是以知识传授为教学目的的。教师们也会大量地引用历史材料进行教学，但仅只是加深了学生对教材重点知识的理解、认识和记忆。因此在课堂教学中，史料教学法运用史料引导学生对历史进行探究，从而获取历史知识，把史料的教学价值运用到极致，对历史课堂教学来说具有重要的意义。

二、史料在教学中的作用

1. 激发学生学习兴趣

兴趣是学生学习的动力，历史教学必须从培养学生的兴趣入手。教材中的史料，不少内容生动有趣、读来感人，可以成为激发学生学习的诱因。如人教版八年级上册历史教材讲述"武昌起义"时，引用这样一段材料："此举若败，死者必多，定能感动同胞……顾肯从容就死，心之摧割，肠寸断，木石有知，亦当为我坠泪，况人耶。"这段材料很好地体现了革命派人士林觉民为了革命流血牺牲的坚定决心，让学生读了之后为之而动容，情感触及其心灵，引发共鸣，像这类材料对激发学生的学习兴趣非常有效。

2. 体现历史教学浓郁历史感的特点

在教学过程中，恰当地把历史课的特点展示出来，教师适时引用古人的原话和古籍原文，体现出了历史课浓郁的历史感，能够让学生体会到历史知识是人类总结昨天的记录，又是人类把握今天、创造美好明天的向导。讲述史料，看似增加了难度，实质上是简化了教材内容。如人教版《历史》八年级上册教材讲述台湾人民反割斗争时，"愿人人战死而失台，绝不愿拱手而让台。"从这句话，学生可以很好地理解台湾人民为誓死捍卫台湾的坚定决心，把台湾人民英勇不屈的斗争精神很好地展现出来，从侧面说明了中华民族维护国家主权、捍卫民族尊严的决心。

3. 史料的运用与课堂教学内容有机结合

史料是历史教学中极为重要的支撑和基础，是源于人类在历史进程中留下的历史烙印，因此，教师在课堂上如果能运用恰当的史料来丰满教材，使得教学过程有机而自然，可以帮助学生更好地理解教材，让学生轻松接受史论结合、论出史出这个辩证的历史唯物主义思想。例如，人教版历史教材九年上册《黑人是怎样来到美洲的》一课，其中涉及如何正确评价哥伦布的问题。学生的评价步入了两种极端，一种说哥伦布就是个魔鬼，是他把欧洲殖民主义者带到了美洲大陆，才造成了亚非拉地区长期的贫穷和落后，另一种却称说他是天使，正是他对美洲大陆的发现，才推动了欧洲资本主义的发展。

4. 培养学生思维能力

已经发生、已经过去、不可逆转，这是历史最显著、最根本的特性，学生不能现场观察历史，只能回过头去学习和背诵，势必造成学生在历史知识的理解、领悟能力上就跟不上，就会出现机械地死记硬背教材中已有结论的普遍现象，非常不利于学生历史思维能力的形成。而各种史料却能生动地勾勒出历史的基本轮廓与大致原貌，这在帮助学生准确地理解、领悟历史和培养、形成学生历史思维能力上大有裨益。如教师在讲述人教版九年级历史时,中国古代科技成就时,引用了一段史料:"火药、指南针和印刷术的发明……都是资产阶级发展的必要前提……"这是马克思对中国古代四大发明传向西方对世界文明的巨大贡献和中国古代科技成就领先于世界的理解。

运用史料教学法,教师要做好课前准备,在符合课程标准的前提下,史料的搜集整理,严格做到具有恰当性、典型性。史料在课堂中教师要注意如何自然有机地衔接教材,选题、问题如何设计等,特别强调要注意的是,选题看似简单但极易发生选题太宽泛让人无从下手的情况,还有就是答案已经明显地摆在课文之中,这样就失去了运用史料的意义。

5. 培养学生探究精神

培养学生利用历史思维形成具有探究精神的人,是历史教学崇高的任务。因此在历史教学中,教师鼓励学生阅读史料包括历史文献、考古成果,介绍历史各种观点的报纸杂志等各种史料,通过分析各种史料,思考史料是何时何人因何而做,反映了作者的什么观点等。这样不仅可以加深学生对历史知识的理解,促进学生历史思维的发展,还能够迅速形成学生对历史进行探索研究的思想和冲动,从而达到培养学生探究精神的教学目的。

为实现这一目的,教师要多鼓励学生积极参与到培养学生探究精神的课题研究活动中去,鼓励学生运用已有的历史知识和能力去考证相关的史料,去分析判断史料中所蕴含的历史真相,从而形成学生自己的观点,经过最终的讨论,在推论中产生结论。

探究活动可以根据几个突出的观点诞生几个持不同观点的小组,内部循环辩论或讨论,教师引导学生找到矛盾关键点,要求学生带着求证、求知、解惑的心态走出课堂。在走出去之前,教师要为这样的学习活动提供相关的历史知识背景,创设问题情境,鼓励学生到图书馆查阅相关史料,去参观历史遗迹、历史博物馆等。通过这样的学习活动,让学生在实践中自觉地、能动地去解惑，把历史事件、人物、观点放在特定的历史条件下进行分析和评价，最后会形成统一观点，这是形成历史唯物主义思想的最好手段。

以此观之，在历史教学与社会教学中，教师必须充分发挥史料教学的独特作用。教师在教学过程中重视运用史料，创设历史情境，激发学生学习历史的兴趣，激励学生主动学习的精神，由此产生积极的思考氛围。对于补充史料，教师必须强调历史事件之间一定要有联系，让能够学生全面认识某一历史事件、历史人物，从而拓宽学生的思维空间，培养学生思维能力的广阔性，并且在使用中始终将培养学生学科素质与提升能力放在极为重要的位置上，这正是探究型课程中使用史料最高和最终的目标。

第四节　把科学思维方法导入历史教学的尝试

一、开发能力提高素质需要科学思维方法

科学的思维方法被誉为观念生产力，人的能力开发素质的高低与之息息相关。然而，思维方法不适应能力开发与提高素质的需要是目前教育方法中普遍存在的问题。我设想，如果各科教师能在每天的施教中，针对各科的思维特点，设计出一套融科学思维方法于实际讲授中的教案来，让学生每天耳濡目染，亲自体会与实践，逐步领会与掌握科学思维方法的原理，这样就可以达到开发能力与提高素质的目的。

二、把科学思维方法导入历史教学的教案示例

导入之一：创造逆向思维

导入目的：通过对"从果索因"和"反过来"思维方法的学习，培养学生提出猜想和进行科学假说，进而达到揭示事物本质和规律的思维能力的目的。

实例：1. 在日本、印尼、阿拉伯地区发现不少宋代线和瓷器等遗物（果），试分析产生这种结果的原因。（板书，从果索因）

诱导分析：

（1）铜钱和瓷器能漂洋过海靠的是海上运输工具——船，可推知，宋代造船业发达、造船技术先进。

（2）海洋宽广又有狂风巨浪，如没有先进的导航技术以及丰富的海洋知识是不可能到达的，可推知，宋代有先进的航海技术及导航设备（罗盘针）以及宋代人能熟练掌握海洋季节风的规律。

（3）铜钱是交易的媒介，瓷器应该是商品，可推知，宋朝采取了鼓励海外贸易的政策；宋朝手工业发达，至少制瓷业先进。

2. 毕昇如何改进雕版印刷进而发明活字印刷术（反过来思维）

诱导分析：

雕版印刷的缺陷：是一整块，当中如有一字刻错，必须换版重刻，费时、费力、费材料。

毕昇反过来想：雕版的字是死的，不能活动，如果雕版里的字是活的，能随意取换就好了，于是就诞生了一项世界上最伟大的发明——活字印刷术。

导入之二：创造适度思维方法

导入目的：通过讲授事物质量界限的知识，使学生了解，超越了事物的度（量），事物就会发生性质的变化，有利于学生掌握，一事物向另一事物转换的适度点（转折点），从而促进事物发展。

实例：（板书）从以下数据分析，共产党为什么能粉碎国民党的全面进攻？

1946 年 7 月，国民党以第一线进攻兵力 117 个旅展开全面进攻。

1946 年 7 月至 1947 年 2 月，国民党军队共占领解放区 105 座城市。

1946 年 7 月至 1947 年 2 月，我军共歼敌 71 万人。

1947 年 2 月，国民党第一线作战兵力下降到 85 个旅，放弃全面进攻。

诱导分析：人民解放军取得胜利的原因，在于执行了毛泽东正确的战略方针，以歼灭敌人有生力量为主要目标，不计较一城一地的得失为主要目标。这里，毛泽东活用了适度思维的方法：量的积累，集中优势兵力，最大限度地消灭敌人的有生力量（每月消灭 9 万），达到一定程度（消灭敌人71万人，以及国民党被迫用大量兵力留守105座城市），事物的性质就会发生变化（由全面进攻到放弃进攻）。

导入之三：创造因果联想思维

导入目的：诱使学生通过一种历史现象的因果关系，联想到另一种现象会有相似的因果关系，从而产生创造思维能力。

实例：（板书）清朝闭关政策。

先行现象（因）：害怕外国商人同沿海人民滋扰生事→天朝物产丰富，无须与外国人互通→严厉限制对外贸易→禁止海外贸易。

后续现象（果）：中国失掉对外主动权阻碍了手工业发展，造船业、航海业随之衰落，看不到世界形势，不能与外国进行经济技术交流，中国从此落伍。

诱导联想：中国的对外开放政策。

先行现象（因）：中国的经济科技在世界上落伍了，必须加强同外国经济的交流。

后续现象（果）：中国引来了外国资金，引进了先进的科学技术和企业管理经验，促进了社会主义经济科技迅速发展（注：此例还可运用于比较思维的讲解中）。

以上列举的思维方法，只是许多种思维方法中的一小部分，适用于历史学科的思维方法还有很多，如比较思维、类比思维、双向思维、鉴别思维等，在此仅示几例。

三、教师在导入科学思维方法的实践中还应掌握几个要点

1. 自觉提高关于科学思维的理论水平与理论联系实际的水平。科学的思维方法是一门新兴的科学，是一门系统工程。它所依赖的理论基础也相当深厚，涉及心理学、哲学、教育学、逻辑学等。为此，教师要把它传授给学生，首先，要对思维学进行必要的理论学习，甚至研究；其次，要对

它相关的理论进行学习;最后,在整理教案引用实例时应切忌牵强附会或联系松弛,注意例证不要过于特殊等。

2. 要遵照循序渐进的认识规律,不能急于求成,用科学思维方法开发能力时,要遵循学生心理特征和成才规律。少儿时期着重开发形象思维能力,中学时期开发形式逻辑思维能力,到大学时期重点开发辩证逻辑思维能力。如果每一时期应该发展的能力都循序渐进地得到充分发挥,那这个学生的思维能力就会充分提高,相反,如果急于求成,盲目违背循序渐进的认识规律反而会出现"施肥过多苗会死"的现象。

3. 要督促鼓励学生进行实践训练。熟读兵书只会纸上谈兵,教师要注意对学生进行实践训练。因为实践训练的深度和广度直接关系到用科学思维开发能力的水平与程度,因此,教师要督促学生用科学的思维方法联系教学内容,继而联系实际。对学生好的理论联系实际的构想,教师要及时予以表扬和鼓励,以求以点带面。

4. 注意讲授方法与技巧。由于思维的方法在概念上过于抽象,特别是初中学生从未接触过哲学,理解起来难度较大,所以,老师在讲概念时要注意形象化、趣味化,更主要的是,多把理论融入实际中或事例中,让学生从事例中反过去理解理论,这在我的教学尝试中效果比较好。

第五节 初中历史教学中培养学生家国情怀的策略研究

历史教学不仅教授青少年学生掌握历史知识，而且是要将他们培养成为一个爱国爱家的有志青年，而家国情怀不会凭空形成，更不会一蹴而就。历史教育在家国情怀的循序形成中有着巨大的优势，这就需要寓家国情怀于历史教学中。受应试教育教学方式的影响，初中历史教学在家国情怀培养方面还存在着许多问题，因此，明确历史教学中的缺点和不足，让学生知道家国情怀培养的重要性，提高历史教学质量和水平是十分重要的。

一、培养学生家国情怀的目的

当代青少年生活在国家繁荣富强、和平稳定的经济大发展时期，物质极为富足，拜金主义、奢靡之风、享乐主义等负能量思想盛行。而青少年是保卫国家、建设国家、强大国家的接班人，我们试想一下，一个没有理想、没有家国情怀的青少年长大后会不会报效或会不会全力报效他的家、他的国家。在这样的环境下，培养学生的家国情怀就显得极为重要。

我国封建社会时期，悠久的思想文化与璀璨科技文化的历史，是培养青少年热爱中华民族文化、热爱中华文明的最好材料，近代中华民族遭受到极端痛苦和屈辱，这些是培养青少年大是大非家国情感的条件，新中国艰难曲折的建国历史及抗美援朝战争则是培养青少年深刻理解创业之难的材料，新中国成立后的经济建设和改革开放的成就是在强敌环视的恶劣环境中取得的，有利于培养青少年守业、守家、守国的情感，用这些辉煌灿烂的历史告诉学生，中华民族是一个伟大的民族。

在历史教学中丰富学生的精神世界、增强学生的民族自信、让学生拥有自豪的民族认同感、培养学生逐步形成充满正能量的家国情怀，是历史教师在课堂教学中最重要的目的，是历史教师不可推卸的社会责任。在历史教学中培养学生的家国情怀，能够最大限度地激发学生学习历史的兴趣。被动学习的传统教学方式，课堂内容单一乏味，如果将历史文化知识与一系列爱国教育相结合，就能够很好地激发学生学习历史的兴趣，自然而然提高学生的学习成绩。

二、培养学生家国情怀素养要注意两个方面的问题

第一，正确认知何为家国情怀。首先，家是家庭的意思，家是构成一个国家的基本元素，是国家的基础。一个人立世，当以家庭为基础，在家庭中传承与继承良好的家风家教，创建一个有品质、有素养的和谐家庭，这是要培养家的情怀与素养，家与国家的关系，有一句俗语叫"一屋不扫，何以扫天下"就说得非常精准了，培养国家情怀与素养，本质上就是培养爱国主义精神。

所以，家国情怀绝不是单纯的爱国主义，也不是单纯的家庭至上，而是既爱国又爱家，当家庭利益与国家利益发生取舍时，要时刻记住"皮之不存，毛将焉附"所蕴含的道理，要舍小家顾大家。教师还要让学生知道，家国情怀的内涵是随着时代变化不断丰富和扩展的，教师也需要做到及时充实自己。中学生年级小，心智不成熟，教师要善用多种方式方法循序渐进地引导，使他们逐步建立正确的家国观念。

第二，提高学生个人历史素养与激发学生学习历史的兴趣有机结合。

高考、中考历史的分数占比决定了学生学习历史所投入的时间精力，甚至学生学习历史的兴趣都受到影响，但是，这不是不学习或学不好历史的理由。正确的做法是，提高学生个人历史素养要与激发学生学习历史的兴趣有机结合。首先，提高学生个人历史素养是作为中国人、作为中学生所必须具备的基本素质。教师要非常明确地告诉学生，不懂历史，就等于缺乏常识，看不懂电影，不懂文学作品，写不好作文，等等，学好历史等于提高了个人历史素质，历史知识会伴随我们的一生。然后以此作为激励，历史教师在历史课堂教学中辅以各种新的手段，比如史料教学、图片教学法、情景再现历史等激发学生的学习兴趣。

三、在历史教学中培养学生家国情怀的策略

(一) 教学目标要准确明确

教学目标是教学活动开展的方向，一个准确且明确的教学目标对教育教学就显得尤为重要，因为准确的目标，就保障了教学行为的正确性，而一个明确的目标则决定了教师采取什么样的具体的教学手段和措施来保证教学目标的实施。

要达到教学目标准确性，教师就要吃透课程标准，制定出正确的教学目标。有的教师以学生中考取得高分为教学目标，虽然部分学生在分数上有提升，但这是一种急功近利的行为，是一种狭隘的教学目标，是造成高分低能和导致学生失去学习兴趣等负面影响的罪魁祸首。所以教学目标的准确性，是方向性问题，绝不随性而为，要达到教学目标的明确性，教师的责任就大了，既要保证课程标准不走样，又要兼顾中考的需要，还得提高学生学习历史的兴趣。

因此，教师应当从更加宏观的、长远的角度设立教学目标，在日常的教育教学中逐渐培养学生的家国情怀，让学生能够了解中国目前的国情，

了解国家过去几十年的发展、国家的辉煌成就，只有当学生了解了国家的真实情况，才能够对国家有深刻的认同感与民族自豪感。

（二）运用多种教学手段，激发学生学习历史的兴趣

想要在历史教学中培养学生的家国情怀素养，教师首先要注重和提高历史教学水平，为激发学生学习历史的兴趣，教师要改变以往单一的教学方式，采取多种教学模式相结合的方法。例如，情境教学法，播放精彩历史电影片段、录像、纪录片等等，快速生动地将学生带入教师创设的课程课题中，能够快速地激发学生学习历史兴趣，使学生记住历史知识从而达到培养学生的家国情怀素养的教学目标。

（三）倡导学生大胆表达自己独立的观点

教师鼓励、激发学生提出自己的疑问，提出在历史学习中的困惑。历史教材中的历史结论、看法、观点毋庸置疑是非常成熟并符合历史唯物史观的，但这绝不排除有方面、角度、广度等方面的差异。为此，倡导和激发学生大胆表达出自己在历史学习中遇到的困惑，提出不同于教材结论的看法是非常重要和难能可贵的，先不考虑其所提问题的正确性，教师也无需顾虑，当所有学生的观点表达完毕后，教师凭着自己的历史教学水平、课前的课程课题设计思路，经过分类，逐个诱导，逐一讲解，最终统一在教材给出的结论上。通过这种方式，一改传统教学思维的影响，打破课堂教学常常出现的气氛沉闷的情况，也一改学生单方面接受教师传递信息的模式，虽然只是一种教学过程的小小改变，但培养了学生自己独立思考的能力，也激发了学生学习历史的兴趣。

（四）课堂教学与课外学习相结合

课堂教学与课外实践相结合，对于更好地落实历史教学的目的，包括培养学生的家国情怀，是一个永不过时的极好方式。近些年，红色旅游经久不衰好评如潮，我所在的贵州省，就有不少著名的红色旅游景点、景区，如遵义会议会址、四渡赤水景点、飞夺泸定桥等等，即使我所在的铜

仁市，也有红军二、六军团会师地、周逸群烈士故居等，吸引了人们更多的关注。这些红色文化景点，记录了这个城市的历史，承载着爱国精神的传承，因而，学校组织一定次数的参观活动，让学生以身临其境的方式，直观地看到、听到、触摸到历史事件，感受着城市文化和其承载的家国情怀。

家与国是中国人安身立命之根本，培养良好的、正确的、充满正能量的家国情怀则是社会和学校需要共同担负起的责任，也是学生成长的必修课。因此，教师要更好地把历史教学和家国情怀的培养结合起来，引领初中生走上健康成长的道路。

参考文献：

[1] 陈凯丽. 核心素养下初中历史文史融合的材料阅读教学探究 [J]. 科学咨询，2020（32）：271.

[2] 张金堂. 初中历史教学中史料运用策略分析 [J]. 教育教学论坛，2020（28）：306-307.

第六节　论直观教具与历史教学

随着素质教育的不断深入，学校办学条件也在逐步改善，各种直观教具和教学方式——投影仪、幻灯、录音、录像以及电脑等，在课堂教学中得以广泛应用。作为辅助教学的工具，直观教具对提高课堂效率、提高学生素质起到积极的作用。由于历史学科本身的特点，直观教具对完成历史教学任务有着特殊的现实意义。

第一，直观教具能突破时空和地域的限制，把历史现象和场景真实地展示在学生面前，让学生在头脑中形成历史形象和场景，获得对历史知识的正确理解。

这就解决了由于历史的过去性、不可追溯性的特点所造成的学生不能直接观察而理解不了历史的困难。比如在讲《'文化大革命'的十年》一课时，今天的初中学生都是"文化大革命"后出生的，他们成长于改革开放的今天，对那个动乱年代出现的种种非正常，甚至荒诞怪异的现象给整个国家带来严重的危害难以理解。这是一个教学的难点，这个难点不解决，就达不到教学目的。在课堂教学时，教师选放两组录像，让学生感知大量的具体形象的感性材料，教师再画龙点睛地讲解，学生就会自然得出结论，"文化大革命"是一场严重的动乱，给党和国家带来深重的灾难，是一场错误的运动，大家必须彻底否定，从而达到了教学目的。

第二，直观教具，能使学生通过具体的、生动的、形象的图片、图像、声音来完成学生思维从低级到高级、从具体到抽象、从感性到理性的逻辑认识。

书本是静态的、无声的、平面的，直观教具则能以形声、图文并茂来弥补这种文字教材的不足。例如，在讲《秦汉时期的文化》一课时，世界上最早测报地震的仪器叫地动仪，它对人类科学的发展有着重要而深远的意义，这是这一课的教学重点。依据课本提供的文字和插图，教师可以帮助学生了解地动仪的外形和作用，但是地动仪上的八个龙嘴为什么能够在有地震敏感的地区吐出铜球，把几百里甚至几千里外的地震感觉出来，这样的装置是怎样发生作用的，对这些问题学生是不甚理解，教师口述笔传也讲不清楚。播放了关于地动仪的录像后，学生学习效果就不同了，录像采用了高科技特技手法，通过近景特写镜头，把局部放大，将地动仪内部结构和工作原理具体形象地演示出来，学生看得懂听得明，虽然是短短两三分钟画面，却给学生留下了深刻的印象。学生惊奇和叹服地动仪的形象，为我们的祖先能在1800多年前就制造出如此精确、灵敏的仪器感到骄傲自豪。学生发现欧洲同类发明比我国晚1700年，一种民族自豪感油然而生，这样，学生便可对中华民族辉煌灿烂的历史文化有较深刻的内心体验。

直观教具的运用符合青少年心理、生理特点，每当录像、幻灯投影一放，学生一下就提起了精神，不知不觉地集中了所有的注意力，而注意力的高度集中和产生的浓厚学习兴趣，正是学生学习历史知识的必备武器，把直观教具具体运用于教育教学实践中，学生对一些难以掌握的历史知识，从感性上升到理性的高度去认识和理解。

可见，直观教具在历史教学中的现实意义重大，我们在具体的操作中还须注意以下四个问题，以使直观教具得到推广应用。

一、直观教具不能代替教师的主导作用

就现代的教学而言,教师的作用已远远超出传道、授业、解惑的范围。在课堂教学中,教师不仅能教给学生知识,更重要的是还教会他们学习的方法。课堂上,学生是教学的主体,教师的"教"是为学生的"学"服务的,如何使学生达到学习的目的呢?教师的"教"在课堂教学中的主要作用,是教学环节十分关键的因素,是任何手段都取代不了的。

录像、投影、录音、幻灯、电脑这些教学手段运用于课堂教学中,固然可以提高教学的效果,具有不容忽视的作用,但它们的作用是有限的,它们只是为达到教学目的的一种辅助手段,是代替不了教师的主导作用的,它们仅是为达到教学目的而运用的工具。

在运用直观教具于教学的时候,教师对它们在教学中可发挥的作用必须有一个正确的认识,切不可过分夸大它们的作用,不能使之在课堂上喧宾夺主。教师只有充分地发挥自己的主导作用,合理、科学地运用直观教具,才会收到较好的教学效果。

二、展示的资料要有明确的代表性、目的性

直观教具作为教学辅助手段就是为达到教育教学目的服务的。课堂展示的资料究竟要解决什么问题,是解决难点、突出重点还是节约时间,是激发兴趣还是培养能力?……如果目的明确,教学效果就好,反之则达不到教学目的,而且资料具有代表性,使学生一看就能迅速结合课本产生与教学目的相吻合的准确思维,从而达到教学目的,否则几分钟资料演示下来,学生对所学知识没有正确的认识,弄不清楚、想不明白,正确的认识也是枉然。

三、注意资料的选择与加工

在资料选择上，教师要注意资料是属历史性还是文艺性，可供选择的录像资料有影视片、纪录片、科教片、文献片、专题片等，其中纪录片、文献片属历史性的，其他的都是文艺性含义更多一些的。教师要以真实地反映历史或十分近似地反映历史为准则去选择加工，否则就会误导学生。除此之外，我们还要了解画面是否与教学内容相匹配，选择的时候是全部还是部分，解说词是否符合教学内容，等等。

四、注意资料在课堂上展示的形式、时机和时间

教师在展示的形式上是选择课堂展示，把展示作为课堂教学的一个环节。课前展示，或是预习展示以帮助学生增强直观性，课后展示，以帮助学生复习和巩固。无论在何时采用哪种方式，展示的时机要和教师的讲解有机地融为一体，是先讲后播还是先播后讲都要从教学的实际出发，教师要根据其作用和所要达到的目的做妥善安排。

在时间上，教师还要安排得当，一堂要45分钟，用来展示的时间最多不能超过8分钟，每次展示不能超过3分钟，这样间隔一两次展示可使学生处于兴奋的学习状态，达到好的教学效果。

直观教具对历史教学有很好的辅助作用，这一领域还有待从事教学的同仁去进一步探索、提出宝贵的意见。我们还应正视存在的困难，诸如资料的来源困难、资料的制作困难、资金的困难等，如果教育部门或文化部门或文化发展商能根据历史教学需要制作出专题资料（录像、光碟或软件）再向全国推广，那就使直观教具更能发挥其优越性，激发学生的学习兴趣，引起学生的学习动机，就能达到发展学生智力、培养学生能力、提高学生文化素养的目的。

第七节　浅谈推行"洋思教学模式"提升我校教育教学质量的尝试

众所周知，洋思中学原本是一所濒临撤并的中学，在蔡林森校长的带领下，教育教学质量大幅提高，一跃成为全国各地学习的典型，成为中国教育的奇迹。为了学习洋思中学先进的教育教学理念，使我校的教育教学质量再上一个新台阶，早在2009年11月，我校领导、教师一行12人参加县教育局组织的学习考察团，赴江苏省洋思中学考察学习。这几年，我校不断地探索和践行"洋思教学模式"，我现将我校推行"洋思教学模式"提升我校教育教学质量的尝试跟大家进行交流。

一、学习推广"洋思教学模式"开展的主要工作

1. 制定方案，成立机构，落实责任

为了更好地提高教育教学质量，让有效课堂变为高效课堂，在学习考察回来后，学校领导马上组织我校教师召开推行"洋思教学模式"的专题工作会议，并结合实际制定了《松桃民族寄宿制中学推行洋思教学模式实施方案》，成立了以校长为组长，教务、政教、总务主任和教研组长为成员的洋思教学模式改革领导小组，负责总体规划、监督指导等工作。学校领导将学习洋思教学模式作为学校常规工作来抓，促使每一个教师在课堂

教学中学习实施。

2. 转变观念，运用多样形式调动教师的积极性

2010年3月，根据《松桃民族寄宿制中学推行洋思教学模式实施方案》，学校组织了三次校本培训，使教师对洋思模式由不理解到接受，教师很快渡过了思想的磨合期。同时，为营造一个良好的教学环境，我校运用以下形式来调动教师的积极性。

（1）推门听课施加压力

校长在全体教职工大会上就明确表示：学校领导听课不提前打招呼，如果实验班不是按"洋思"的模式上课，该教师必须进行反省。在这种氛围下，全体教师感到了一种前所未有的压力，也更明白自己的责任，学"洋思"势在必行。

（2）自觉学习添活力

教务处把从洋思中学带回来的教学影像资料和网上下载的最新的各科"洋思"教学视频分发给各教研组，各教研组采用集中学习交流的形式组织教师观看，并要求教师写出心得体会。学校还要求教师经常利用课余时间上网学习"洋思"资料、观看"洋思"教学视频，写学习笔记，交流心得体会，学"洋思"活动被开展得有声有色。教师很快感到"洋思"并不神奇，"洋思"离我们也并不遥远。教师渐渐地在课堂上落实"洋思"教学，课堂教学有效性有了很大的提高。

（3）骨干教师作典范

为进一步让教师感受"洋思"，认识"洋思教学模式"，由学习考察回来的各科骨干教师给大家展示"洋思教学模式"，让全体教师基本上掌握了该教学模式的教学环节。在2011年4月，教务处开展推行"洋思教学模式"示范课展示活动，使我校推行"洋思教学模式"的活动进入了一个新的阶段。

(4) 理论学习率先行

我校每两周一次的例会前 30 分钟，教师进行"学洋思"业务理论学习，由学校领导进行专题讲座，要求教师做好学习笔记，教务处具体组织实施并检查。

3. 必须明确"洋思教学模式"的课堂环节

"洋思教学模式"课堂环节有六个步骤：第一，复习导入示标；第二，进行自学指导；第三，要求学生自学，教师巡视；第四，学生自学效果检查；第五，指导学生更正运用；第六，当堂训练，检验效果。这六个步骤构成了"洋思教学模式"，是教师在教学过程中必须掌握的环节。

4. 必须实施"三清"，对学生检查知识进行验收

学习"洋思"，"三清"是关键，即堂堂清、日日清、周周清。三清能够使学生更加了解自己对基础知识的掌握，对不足之处具体去把握。

堂堂清，要求教师在课堂教学中设置当堂训练环节，每一节课要求80%的学生能够达到教学目标，即该背诵的都当堂会背了，该掌握的都当堂掌握了，该运用的也都能当堂运用了；日日清，主要是以班级为单位设置自学课，让学生能够在自习课上，针对当天所学内容进行清点巩固，及时完成复习的知识目标内容；周周清，采取每周一场的考试形式，备课组分班级、类别设置合理的试卷，考试由年级组统一安排实施。

5. 选取重点班级，推行"洋思教学模式"，加强实验比较

为推行"洋思教学模式"，我校采取"重点突破，以点带面"的思路，将 2009 级 11、12 班和 2010 级学生确定为实验班级，本着"学习借鉴、融合创新"的思想，将"洋思教学模式"与本校实际情况相结合，走一条适合本校教学的特色之路，逐步推进实验。教务处采取相应的措施，加强实验班和非实验班的比较，保障"洋思教学模式"顺利推行，情况如下。

（1）教务处加大督查力度，检查实验班课堂模式执行的情况，并与非实验班的课堂对比，进行系统研究，发现洋思课堂模式的先进性及学习借鉴中需注意的问题。

（2）集体备课与集体教研，为学习推广洋思经验提供阵地。我校的集体备课、集体教研活动分教研组定时定点召开，要求将学习洋思经验、推广洋思课堂模式作为重点教研内容。

（3）召开家长会，争取家长的理解与支持，将课内实验放大到学生的生活之中。

（4）定期组织实验教师进行集体研讨，反思教学过程中的实际问题与具体困难，共同寻求解决的方式方法。如2012届初二（12）班，在学习过程中落实"兵教兵"的情况出现困难，班主任就组织科任教师对班级学生进行摸底，根据学习状况、性格特点将学生分成若干个学习小组，每个小组由6人组成，开展学科互助学习，经过这样的安排，学生学习的积极性得到大幅度的提高。

二、推广"洋思教学模式"的主要收获

1. 先进教育理论在广大教师中逐步得以贯彻和实施。教师树立起了以下意识：课堂上尽量放手让学生参与学习活动，要调动各种有利因素来实现课堂的高效学习；课堂上组织学生活动，及时反馈，积极巩固，要让大多数学生在课堂内完成对知识的理解，达成目标；引导学生参与课堂体验，增强学生之间的互动，加强学生知识点过关督促目标达标辅导。

2. 培养和锻造了一批骨干教师和优秀班主任，形成了良好的班风、浓厚的学风。

3. 科学地解决了学、教、练的时间矛盾和冲突。

4. 教学成绩稳步上升。"洋思教学模式"实验班全科合格率、人均

分、优秀率均明显高于非实验班。三年来,"洋思教学模式"实验班的人均分、合格率、优秀率都位居全县第一,实验年级的综合考评均居全县前列,从2012年中考以来,我校中考成绩年年喜获丰收,铜中上线人数、全县前十名人数、总分优分以上人数为全县第一,这是"洋思"经验在我校推广以来的又一喜报。这说明学生学习效果好、成绩提高,得益于"洋思教学"模式的实施,得益于当堂训练,得益于堂堂清、日日清、周周清的实施。

三、对实施过程中存在的问题的思考

1. 部分教师"先学后教,当堂训练"的执行仍不够坚决,总担心这样做会影响教学效果。

2. 大班额成为实施"先学后教,当堂训练"的瓶颈,部分学习困难和性格内向的学生容易错失当堂学习信息反馈的机会。

3. "先学后教"模式在不同科目的实现上,难度差异明显,一般来说,在英语、数学教学中,学生先学的难度要大一些;在语文教学中,采用"先学"效果较好。这就要求我们深刻理解"洋思"精髓,不可千篇一律、照搬照抄。

4. 当堂训练的缺憾。一是训练时间不够;二是训练题目不精,针对性不强。

5. 学生学习目标的确定是实施"洋思教学模式"的重点,怎样确定学习目标是实施"洋思教学模式"的难点,教师只有进一步提高自己驾驭教材的能力才能准确做到既能突出重点又能突破难点。

以上是我校推广"洋思"经验的尝试,推广"洋思"经验对我校来说是一次机遇,它势必推动我校办学理念的更新、管理水平的提升、教学模式的变革和教学质量的提高;它势必促进我校教师的专业发展、学

生综合素质的提高。同时，推广"洋思"经验也是一次挑战，对于所面临的问题，我们坚信有领导和各位同仁的指导，定能克服困难，取得实验成功。

第八节　新课标理念下的历史课堂教学艺术美

在历史教学中，课堂蕴藏着丰富的艺术美的因素，美的因素不仅存在于历史教学的内容之中，还存在于教师的教学过程中。

历史教学是一个综合、统一而完整的传达系统，它除了教学内容的落实、教学目标的达成外，还必须讲究课堂教学的艺术美。美的板书设计、美的文学艺术、美的音乐会赋予历史课堂教学以美的享受。在新课标理念下教学，我尽可能地展示历史教学的艺术美陶冶学生的情操，这样，既达成教学目标，又使学生受到美的熏陶。在教学过程中，我大致从以下三个方面让学生感受历史教学的艺术美。

一、板书设计美

板书是一门颇具匠心的教学艺术，很大程度上决定一堂课的成效。所以，在板书设计上，教师除考虑知识的条理性、逻辑性和完整性外，还要尤其注重新颖，即设计的板书不仅具有科学性而且富有艺术性。

板书设计不宜规定统一规格，尽可百花齐放、各具特色。在教学工作中，我大致使用下列板书设计。

1. 线索式板书。展示事物的发展过程。如讲英国近代史发展线索时的板书：

资本主义的童年时代——英国开始崛起时期

（16世纪—18世纪中期）

工业资本主义发展时期——近代英国发展的黄金时期

（18世纪70年代—19世纪70年代）

这样，学生能清楚地理解英国近代史的发展。总之，线索式板书，简明扼要，脉络清楚，既是对教学内容的再造，又能使纵横知识具体化、系统化，从而强化了思维意识，使学生学习思路清晰。

2. 图示式板书。有多种类型，都能清楚展示课堂内容。如：

（1）太阳形：下面是唐朝对外关系图，能够让学生清楚地知道，以长安为中心，大唐对外交往的辐射情况，让学生了解大唐广泛对外联系，以及长安是一座国际性的大城市，是国际交往的中心。

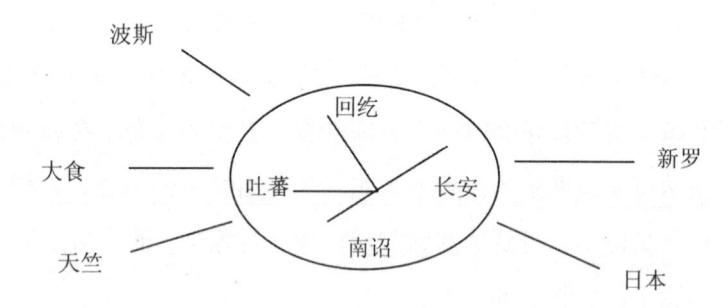

```
        波斯
          |
    回纥
大食 ——  吐蕃  长安  —— 新罗
          |
        南诏
天竺              日本
```

（2）十字形：秦朝疆域

```
        长城
         |
陇西 ——— + ——— 大海
         |
        南海
```

十字形板书便于学生一目了然地掌握秦朝的疆域范围，使学生对我国秦朝的疆域有一个明确的空间形态认识。

总之，图形给予学生视觉上的美感，线条给学生以简洁、直接的感觉，易诱发学生的感性认识。

3. 因果链式板书。便于学生理解事物发展的前因后果。

如：抗日民主运动的高涨，运用以下形式。

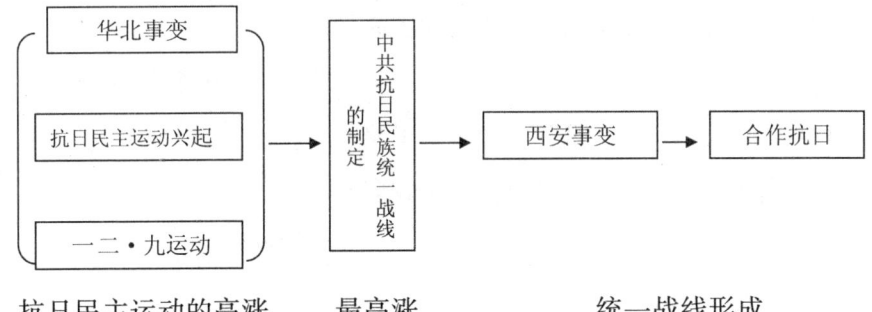

```
┌─ 华北事变 ──────┐
│                │
├─ 抗日民主运动兴起 ┤──→ 中共抗日民族统一战线的制定 ──→ 西安事变 ──→ 合作抗日
│                │
└─ 一二·九运动 ───┘
```

　　抗日民主运动的高涨　　　最高涨　　　　　统一战线形成

这样，学生能够了解抗日民族统一战线是怎样初步形成的，以及全民抗战的过程。总之，板书艺术给人以设计科学、排列合适、布局合理的感觉，好比电视上的"定格""慢镜头"，给学生以良好的艺术享受。

二、运用文学（诗词歌赋）素材，赋予历史课堂文学美

充满兴趣地学习，往往会起到事半功倍的效果，历史学科的特点决定了历史教学必须重视趣味性、艺术性，而诗词歌赋是一种精炼、生动、优美的文学形式，它总是用极具风格的逻辑结构去反映丰富多彩的社会生活，具有特殊的感召力和表现力。

1. 运用诗词反映特定时代的历史

如：讲帝国主义瓜分中国狂潮时配合"时局图"使用。

　　沉沉酣睡我中华，哪知爱国即爱家。

　　国人知醒宜今醒，莫待土分裂似瓜。

我通过对时局图的讲解和对诗歌的吟诵，把同学们的思绪完全带到那多灾多难、不堪回首的历史岁月，许多同学流下了眼泪。

2. 运用诗词引出历史重大事件，让学生耳目一新

讲解隋朝大运河时，引用下列材料：

材料一：千里长河一旦开，亡隋波浪九天来。（胡曾《汴水》）

材料二：汴水通淮利最多，生人为害亦相和。

（李敬方《汴河直进船》）

材料三：尽道隋亡为此河，至今千里赖通波。

若无水殿龙舟事，共禹论功不较多。

（皮日休《汴河怀古》）

结合材料请学生回答：

（1）开凿隋运河的背景原因、历史作用，综合评价几位唐朝诗人的基本观点。

（2）在所引用的三首绝句中，观点差异大的是哪一首？哪一首观点有合理评价？哪一观点是完全错误的？为什么？

对以上材料的分析，既加深了同学们对隋亡原因中大运河客观作用的理解，提高了学习的兴趣，又调动了学习的积极性，还培养了学生的辩证能力，同时享受了文学艺术美。除此之外，还可以有以下用法。

3. 运用诗词教学，还能加深对教材内容的理解

材料一：普天之下，莫非王土。

率土之滨，莫非王臣。

可准确反映西周时期的土地制度和周天子的无上权力。

材料二：山外青山楼外楼，西湖歌舞几时休。

暖风熏得游人醉，直把杭州作汴州。

反映了南宋皇帝和投降派官僚满足半壁江山的苟安，从另一个角度反映宋亡是无法挽救的。

总之，在课堂教学中，对文学诗词加以适当运用，让学生在浓郁的文学艺术氛围中，轻松、愉快地接受历史知识。

三、音乐艺术美

随着时代产生的音乐，我们可以回首历史岁月，像历史人物那样所见所闻所感，使历史课堂具有音乐节奏感、活跃起来，使学生喜闻乐见，便于感知历史知识。

例如"起来，不愿做奴隶的人们，把我们的血肉筑成我们新的长城，中华民族到了最危险的时候……"当《义勇军进行曲》在课堂上响起的时候，教师向学生讲解歌曲创作的历史背景，再慢慢欣赏歌曲雄壮豪迈、催人奋起向上的旋律，这样，学生所受到的感染将是十分强大的。

教师再带领学生去分析'七七事变'后中国的处境，去领会中国共产党为什么要构筑全国抗日统一战线，为什么要发动群众抗日，以及为什么新中国成立后要把《义勇军进行曲》选为国歌等一系列问题，学生会带着被感染了的情绪去学习抗日战争史，会把抗日战争史掌握得更深刻、更牢固。

同时，教师还可以运用歌曲，回放历史现象，激发学生思考历史问题的积极性。例如：著名的流行歌曲《龙的传人》中"百年前宁静的一个夜，巨变前夕的深夜里，枪炮声敲碎了宁静夜，四面楚歌是姑息的剑，多少年炮声仍隆隆，多少年又是多少年"这段歌词，很多同学会唱但并没有去思考这首歌背后所蕴藏的深刻含义。讲到辛亥革命时，我引用了这首歌，让同学们仔细思考之后进行解释，最后发觉这段歌词就是一篇历史小材料。我们把文学的语言翻译成历史的语言就是，1911年10月10日夜，武昌起义爆发后，全国十几个省区独立，清朝的黑暗统治土崩瓦解，但各省立宪派和封建派投机革命，革命派妥协软弱，结果导致辛亥革命失败，但孙中山没有放弃，中华儿女为中华巨龙的腾飞而奋斗。

总之，运用音乐来美化和润滑历史课堂，可以使人激动、使人快乐，可以激发思维，创造未来。综上所述，在历史教学中，课堂蕴藏着丰富的艺术美的因素，美的因素不仅存在于历史教学的内容之中，还存在于教师的教学过程中，教师掌握了教学的艺术，讲课一定会炉火纯青，也一定能给学生以艺术、以美的享受。

第九节　图片史料在初中历史课堂教学中的有效运用

图片，作为史料的一种，容易激发学生的兴趣，能够快速带领学生"神入"历史。图片在落实课堂教学中被广泛运用，教师利用图片史料，可以以图证史、以图佐史，形成历史教学的一大特色。图片在新的历史教学改革中起着重要的作用。

历史，被时空阻隔在遥远的彼时彼地，不可再现于眼前，人们对它的了解只能靠后人的文字转述，而单纯以文字史料作为沉重的历史载体，显得枯燥乏味，在课堂教学中，教师常有一种力不从心的感觉。

在历史教科书中，附一些图片史料，同时，在一般的学校典藏历史书籍中，有大量现存的图片史料可以直接运用，教师也可以自己动手参照史书制作图片，或从现代网络媒体获取图片史料。教师较为广泛地在历史课堂教学中运用图片史料，帮助学生更具体形象地认识发生在遥远的过去的历史事件或历史人物，帮助学生更好地认识当前的环境和背景，帮助学生较准确地理解历史知识。

因此，如何在教学中恰当地运用图片史料，是历史教师应该思考的问题，也是我们研究探讨的话题。

一、要充分认识图片史料在初中历史教学中的重要作用

目前,推行的教育教学改革中,图片史料在教学中的作用很明显,教师只需要在课堂教学中恰如其分地把图片和文字结合起来就能完成教学。但是,部分教师仍然持有史为主、图为辅的观点,加上应试教育的影响,没有充分认识到图片史料在中学历史教学中的重要作用。在教学资源的运用上,大多教师只注重文字资料,而忽视了图片史料。有的教师在教学过程中对历史图片应用很少,仅仅偶尔运用,其目的也只是为了调节课堂气氛,丰富教学内容,吸引学生的注意力,缓和一下学生的视觉疲劳,图片史料的作用没有发挥到该有的效果。图片史料可以激发学生的学习兴趣,帮助学生理解历史知识,形成历史表现,拉近学生与历史的距离。所以,我们要充分认识图片史料在教学中的重要作用。

二、对图片史料的选择和应用要恰当

图片史料所反映的内容有多样性的特点,一些图片反映的是教学重点,一些图片反映的是对教材内容的说明。课堂教学的时间有限,教师在有限的45分钟教学时间内不可能、也没必要对每一幅图片都进行详细的讲解说明,而是根据教学内容的需要,来选择相应的图片史料。否则就有可能喧宾夺主,图片史料占用文字史料的教学时间,导致完不成课堂教学任务。

近几年来,教学以多媒体为辅助,在课堂上展示图片史料很方便,但也容易出现一些误区,在多媒体课件中,教师过多地应用图片史料,忽略图片史料跟教材的联系,忽视对重难点的突破,将大量图片史料没有经过筛选就直接用于课堂,结果使一堂历史教学课变成了图片史料的展示课,过多的图片史料喧宾夺主,冲淡了教学的重点内容,分散了学生的注意

力，教学效果就可想而知，肯定不理想。

另一种情况是教师在展示图片史料时，加入了过多的音乐元素，将学生的注意力转移到音乐方面，影响了学生对历史知识的学习。因此，教师对图片史料的选择和应用方法要恰当，运用图片史料可以弥补历史课堂教学中重文轻图、重听觉的不足，有利于学生掌握知识。图片史料能够把历史发展过程中的某些特殊的片段，某一特殊的侧面锁定在画面上，这比文字记载更直观、准确和丰满。在初中历史课堂教学中，教师要充分考虑初中学生的身心特点，了解他们的兴趣爱好，知道他们上课易走神的实际情况，在课堂教学中运用好课本中的史料，精心备课，恰当编排、恰当补充，让历史课堂教学充满生机。一般来说，在历史课堂教学中常用的图片史料有历史地图、历史图片和历史图表，教师对不同类型的图片史料，在课堂教学中要结合课堂教学内容采用不同的策略。

三、要注重引导学生探索图片史料背后所蕴藏的历史背景

部分教师在指导学生解读图片史料时，疏于指导学生如何从图片史料中获取有效的信息，或者忽略图片史料背后所蕴藏的历史背景，致使相当一部分学生认识不到图片史料在中学历史教学中的作用。学生学习历史的意识和能力不强，对图片史料的学习就失去了兴趣。

例如，在讲《"票证时代"的结束》一课时，教师就可以先布置一下，课前让学生回家去收集粮票、布票、肉票等各类票证，让学生了解20世纪50年代至70年代物资供应的变迁状况，以及我国从计划经济走向市场经济的转变历程。教师在课堂上然后让学生介绍自己对票证时代与改革开放时代的了解，叙述特殊时代人们的日常生活，让学生了解和认识乡情、国情，感悟经济政策、经济发展对人民群众生活的影响，这样，学生再去解读教材中的图片史料信息就会得心应手。

现在的历史教材中有很多插图，插入的每一幅插图都是历史知识的浓缩，每一幅图片都承载着厚重的知识内涵，教师在教学中应该很好地发挥这些图片的作用。首先，教师让学生自己去探求图片背后所蕴含的东西，以获得初步的认识，然后教师巧妙运用图片：一张地图，或一张图表，或一件文物、一个碑文，或一个人物的图片作为教学切入点，对此用生动、形象、简洁、直观的语言进行描述讲解，将学生带入一个特定的历史环节中，使学生怀着强烈的好奇心和浓厚的兴趣获得认识，从而教师更好地完成课堂教学任务，达到既定的教学目标。

四、利用图片史料对学生进行政治思想教育

历史学科有着丰富的政治思想教育内涵，可以培养学生的爱国情操、革命理想，帮助他们形成正确的人生观、价值观。中国近代史是中华民族的屈辱史，也是中国人民的抗争史，其中蕴含着巨大的情感价值。在讲授"火烧圆明园"这一内容时，教师让学生对照看两幅彩图：一幅是圆明园大火之前的曲径回廊、风光无限；一幅是大火之后的残垣颓壁、满目荒凉。在学生对英法联军的罪行形成感性认识的基础上，教师语重心长地介绍对比，学生们的爱国情感会被调动起来，心中充溢着历史耻辱从而会更加珍惜现今的学习机会，由图片史料诱发想象，进而激发爱国情怀，学生从中受到感化教育。

历史是精彩的，如果只用文字描述历史是平淡无味的，不能够充分地展现历史的魅力。所以，我们在历史的授课当中，需要把文字和图片史料结合起来，这样的教学才会更加丰满有效。

图片史料和历史教学相结合，课堂教学是精彩的，但在课堂教学中不能以图片史料教学代替相关的文字教学，这些都要求教师课前要充分备课，要有一定的驾驭课堂的能力。历史教材图片史料多，有时一课内容会有五六张图片史料，要如何利用这些图片史料进行课堂教学，什么时候该插入图片史料教学，如何插入，这些有许多教学技巧，值得我们广大教师在课堂教学中去进一步探索。

第二篇 02
创新设计与反思

第一节 《"电气时代"的到来》教学设计

【教学目标】

一、知识识记

1. 掌握电力作为新能源开始登上人类生活舞台的基本概况。

2. 理解电力的广泛使用及对人类社会产生的重大影响。

3. 了解大发明家爱迪生有关发明的故事。

二、能力培养

1. 通过收集整理爱迪生发明电器的相关资料，培养学生归纳整理资料的能力。

2. 通过比较第一次工业革命与第二次工业革命的异同，加深学生对工业革命知识点的理解，培养学生理解问题的能力。

3. 通过分析第二次工业革命的特点，加深学生对工业革命的认识和理解。

三、情感教育与价值观

1. 通过学习让学生认识到电器的广泛使用，对提高人类社会生活质量起到非常重要的作用。

2. 通过讲述科学家发明的故事，让学生明确科学技术的发明需要顽强的毅力和拼搏的精神。

3. 通过分析相关发明创造推动人类社会的进步和发展,让学生认识到科学技术是第一生产力。

【教学要点】

一、重点

电力的广泛使用和"发明大王"爱迪生。

二、难点

比较两次工业革命的异同,分析第二次工业革命的特点。

【教学手段及方法】

以讲授法为主,讲授法与课堂讨论法相结合　运用计算机云课堂教室及多媒体PPT展示

【教学过程】

一、导入新课

学生齐读"恩格斯说:'当革命的风暴横扫整个法国的时候,英国正在进行一场比较平静的但是威力不因此减弱的变革。'"

教师提问:请问,这里的变革指的是什么?

学生:是工业革命。

教师:对,是工业革命,我们也称为第一次工业革命,第一次工业革命发生的时间是?

学生:18世纪下半叶。

教师:对,18世纪下半叶。再请问,这场革命的重要标志是什么?

学生:蒸汽机的发明和使用。

教师:对,就是蒸汽机的发明和使用。我们把以蒸汽机作为动力的时代,称为蒸汽时代。在这个时代,机器大工业迅速发展,机器生产代替手

工劳动，创造了巨大的生产力，使得社会面貌发生了天翻地覆的变化。

（小结过渡）

时间在飞逝，一百年之后，蒸汽机作为动力已经不适应大工业进一步发展的要求，人类在继续探索和革新中。到了19世纪下半叶，另外一场悄无声息的革命在欧洲兴起，这就是以电力的广泛使用作为标志的第二次工业革命。今天，我们就来学习这一新课。

第1课 "电气时代"的到来（板书）

二、讲授新课

【自主学习】

教师向学生展示PPT上的学习目标，"我们这一节课的学习目标就是这三大点"。齐读学习目标，学生明确学习方向。教师指出学习目标的重点是……，要求学生根据导学案先预习课文，把课文大致了解一下。（5分钟）

一、工业革命的概况（板书）

（小结过渡）"从上面的学习目标，我们知道今天学习的中心点也就是关键词是第二次工业革命。那么什么是第二次工业革命呢？第二次工业革命的主要内容是什么呢？我们先了解工业革命的概况。"展示PPT，刚才大家已经预习过了，请回答上面的问题。

时间：19世纪下半叶到20世纪初

定义：第二次工业革命也叫科技革命和电气革命，以电力的广泛应用为核心，指各种新技术、新发明迅速应用于工业生产大大促进了经济的发展。

主要内容：三个方面，即电力的广泛应用，内燃机和新交通工具的创制，新通信手段的发明与应用。（教师提醒学生，内燃机、新交通工具的创制以及新通信手段的发明与应用这两个内容在下一节课中学习，本节课重点是了解电力的广泛应用。）

策源地：美国、德国（教师指出科技发明美国和德国的科学家居多。）

影响：使人类由"蒸汽时代"进入"电气时代"。

（小结过渡）以上是第二次工业革命的概况。这里面紧紧围绕"电"这个关键字来阐明第二次工业革命，那么，电这个奇妙的东西是怎样被发现和运用的呢？接下来我们一起来了解电。

二、新能源"电"（板书）

1. 电的发现

教师：我们知道，在现代文明社会中，人类除了离不开大自然恩赐给我们的阳光、空气、水外，还离不开人类自己发明的重要能源，是什么？

学生：电。

教师：电改变了我们的这个世界，给我们的现实生活带来了很多便利。它是怎样被发现和运用的，这是我们必须了解的。现在请大家翻开书。

学生上网查阅资料解决以下问题（时间是 5 分钟）。（内容书写在导学案上。）

（1）自然界中有哪些电现象？

（2）人类是怎样发现电是一种可以利用的能量的呢？

学生回答问题。

（1）摩擦产生电、人体的静电、电鳗、闪电、雷电。

（2）人类发现电是一种可以利用的能量要归功于两位科学家，一位是美国科学家富兰克林，另一位是英国科学家法拉第。

①1732 年，美国科学家富兰克林发表自己的观点：电是一种没有重量的流体，存在于所有物体中。

为此，他在 1752 年进行了著名的风筝实验，实验证明了空中的闪电与地面上的电是同一回事。根据这个原理，他发明了避雷针，并用电线接地，这是电线的首次实用化。

②1831 年，英国科学家法拉第发现电磁感应现象，第一次向人类揭示

创制发电机的原理。法拉第是近代电磁学的奠基人，他的发现为电的应用开拓了广阔的道路。

（小结过渡）资料查找好了之后，我们知道了自然界中的电现象及电是一种能量。那么，电是怎样被当作一种能源利用的呢？请大家结合课本内容及导学案的提示把电能源利用的轨迹整理好，写在导学案上。

2. 电能源的利用

学生完成导学案。

小组推荐代表回答问题，教师点评。接下来，请思考。

（过渡）电力作为新能源登上了人类历史舞台，与蒸汽动力相比具有哪些优点？请大家想一想后回答。

学生：电力的特点有干净、安全、方便、价格便宜、传输损失小、传递速度快、能远距离输送、按户按需分配能量。

（小结过渡）这个登上了人类历史舞台的新能源，又在哪些领域得到迅速推广和运用呢？下面我们就来学习。

三、电力的应用及影响（板书）

1. 电力的应用：家庭城市的照明、电信、交通运输、加工工业和日常生活等各个领域。

请大家根据导学案提示回答。

2. 电力对哪些领域有影响

（1）对人们生活的影响：品种繁多的家电走进千家万户，举例。

（2）对生产领域的影响：电力工业与钢铁、石油化学工业、汽车制造等一起构成第二次工业革命中的四大新型支柱产业。

（3）对工厂体制的影响：使得股份制公司逐渐成为工厂企业主导形式，现代化生产流水线开始出现。

（小结过渡）电力的广泛应用使得整个社会生产和生活发生天翻地覆的变化，那为什么在19世纪下半叶的时间里能够发生呢？接下来我们探讨一下，第二次工业革命的条件，提示大家从政治、经济、自然科学等几个方面思考，时间2分钟。

教师分析归纳：

第一，世界上主要的资本主义国家政治制度已经完善、政治稳定；第二，政治的稳定带来经济繁荣；第三，第一次工业革命促进自然科学的大发展，自然科学有了新的突破，加上科学家的努力探索，这些都是引发第二次工业革命的条件。

（小结过渡）第二次工业革命是人类历史上前所未有的"发明时代"，各种发明和创造如雨后春笋般涌现，在电器的发明和应用方面，一大批科学家做出了卓越的贡献，其中美国科学家爱迪生最为突出。我们通过一段视频来了解爱迪生。

四、"发明大王"爱迪生（板书）

教师运用计算机屏幕播放功能观看视频，之后进行讨论。

1. 人们为什么称爱迪生为"发明大王"，他的发明有哪些？举例。

2. 他身上有哪些优秀的品质值得我们学习？

3. 只上过三个月小学的爱迪生对人类贡献这么大，他成功的秘诀是什么？

学生自由讨论问题。

教师归纳：认识到爱迪生的成功，要归功于他的勤奋，他的创造性才能以及他所依靠的集体的力量。一个人的成功不会从天而降，努力才有回报，正如他的名言"天才是百分之一的灵感再加上百分之九十九的汗水"。

【板书设计】

第1课 "电气时代"的到来

一、工业革命的概况

二、新能源"电"

  1. 电的发现

  2. 电能源的利用

三、电力的应用及影响

四、"发明大王"爱迪生

【总结归纳】 略

（小结过渡）接下来，我们围绕第二次工业革命的标志"电"来继续探讨。

【拓展提升】

1. 人类与电的关系极为密切，请大家想象一下，倘若现实生活中完全没有了电，会是怎样一番景象？从发生在我们今天现实生活中的停电事故，同学们得到什么启发？

2. 第一、二 两次工业革命比较。

内　容	第一次工业革命	第二次工业革命
开始的时间		
开始的国家		
能源		
动力		
新交通工具		
主要标志		

3. 与第一次工业革命相比较，第二次工业革命具有哪些新特点？

第一，科学与技术紧密结合迅速转化为生产力；第二，以电力的广泛应用为主要标志，人类进入了电气时代；第三，在几个先进国家同时发生，处于领先地位的是美国和德国；第四，有些国家的工业革命是两次同时进行，能够充分利用其成果加快经济的发展。

（小结过渡）两次工业革命创造了巨大的生产力，请大家思考下面这个题目。

【讨论探究】

回顾两次工业革命的成果给我们哪些有益启迪？我们国家应该怎么做？

小组讨论，每个组至少写出两条以上观点。

启迪：

1. 发展经济要注意保护环境，要坚持可持续发展战略。

2. 经济发展的社会环境是雄厚的资金和平稳的社会。

3. 要学习科学家努力探索科学奥秘、勇于创新的精神品质。

4. 科学技术是第一生产力，科学技术推动社会进步。

两次工业革命都发生在欧美国家，值得我们借鉴的经验：

1. 坚持科教兴国战略不动摇。

2. 发展教育培养各方面所需要的人才。

3. 薄弱行业引进外国先进技术和设备以借鉴。

4. 大力发展高新技术，加强科学技术的研究与应用。

【课堂小测试】（每题10分 共100分）

网上作业要求：

1. 请大家到桌面上找到老师的文件夹，把里面的小测试题完成。

2. 重命名为自己的名字，通过云课堂发送给老师。

1. 马克思曾经预言"蒸汽机大王在前一世纪中翻转了整个世界，现在它的统治已到末日，另外一种更大的无比的革命力量——电力的火花将取而代之。""电力的火花"把人类带入（ B ）

  A. 蒸汽时代   B. 电气时代   C. 原子时代   D. 信息时代

2. 19世纪下半叶，主要资本主义国家又开始了新技术革命。这次革命是（ B ）

  A. 以蒸汽机为核心的革命   B. 以电力为核心的革命

  C. 以核能为核心的革命   D. 以太阳能为核心的革命

3. 在电力发展方面，下列哪些国家领先一步（ A ）

  A. 德国、美国   B. 德国、英国

  C. 美国、英国   D. 英国、法国

4. 1880年，一美国家庭可能做到的是（ A ）

  A. 使用电灯照明   B. 驾驶汽车旅游

  C. 在太空行走   D. 上网聊天

5. 成为第二次工业革命策源地的国家是（ D ）

  A. 美国和英国   B. 英国和德国

  C. 法国和德国   D. 美国和德国

6. 有些学者主张从能源角度分析第二次工业革命，把人类推进到"电气时代"的原因。他们关注的主要能源应是（ C ）

  A. 风力   B. 煤炭   C. 电力   D. 核能

7. 在第二次工业革命中，使人们的生活质量和生活方式有了彻底改善的原因是（ D ）

  A. 内燃机的应用   B. 汽车、飞机的应用

  C. 蒸汽机的应用   D. 电力的推广和应用

8. 第二次工业革命中出现的新型支柱性产业包括（ B ）

①电力工业　②钢铁工业　③煤炭工业　④石油化学工业　⑤汽车制造工业

A. ①②③④　　B. ①②④⑤　　C. ①②③⑤　　D. ②③④⑤

9. 公安部新交通法规2013年1月1日开始执行，闯黄灯一时间令很多车主感到纠结。黄色信号灯的发明者胡汝鼎早年留学美国，是爱迪生的高徒。下列属于爱迪生发明的是（　B　）

A. 汽车　　　　B. 电灯泡　　　C. 火车　　　　D. 蒸汽机

10. 第二次工业革命与第一次工业革命相比，最突出的特点是（　D　）

A. 创造了巨大的生产力

B. 革命的整个过程缩短

C. 生产和资本的高度集中

D. 科学与技术紧密结合，并迅速转化为生产力

第二节 《"电气时代"的到来》教学反思

《"电气时代"的到来》是历史学科人教版九年级下册第一单元第1课的内容，本课文的讲授运用了计算机云课堂，是一节信息技术与学科教学深度融合的课堂，下面就本节课在实施三维教学目标与新媒体、新技术融合运用方面做如下反思。

一、本节课应用的新媒体和新技术的功能及效果

1. 应用云课堂教室。根据课堂需要适当地让学生操作电脑，激发学生的学习热情。

2. 应用投影仪。整个课堂，教学PPT展示学生所必需的知识。

3. 应用PPT课件。使课堂重难点一目了然。

4. 应用视频。通过云课堂的广播功能，全班同步观看视频。

5. 应用百度搜索。在百度上找资料，完成对知识的了解。

6. 应用Excel制作可以自主计算总分的课堂小测试。通过云课堂的"传送文件"功能，把文件发送给每一个学生。

7. 应用云课堂"传送文件"功能，学生完成作业的上交。学生把做好的课堂作业上交到教师机上，以便教师查阅。

二、本节课在教学中表现出的优点

1. 认真研读课程标准和教学参考，确定好本节课的学习目标、教学重点难点。在上新课之前，首先展示本节课的学习目标，强调本节课学习的重点难点，这样，有利于学生明确学习目的，有利于学生对知识的把握和理解，突出课堂教学实效性的特点，从而整体提高课堂教学效率。

2. 认真备好课。这节课的故事性较强，部分内容理解难度高。为了增加课堂的趣味性，减小学生对部分内容的理解难度，教师上课前查阅大量与本课内容相关的资料，拓展了课外资源，例如，在讲到第二次工业革命内容时，对于自然界中有哪些电现象、人类是怎样发现电是一种可以利用的能量，发明家爱迪生的各项发明故事等内容，课前就布置学生收集相关资料的作业，作为课堂教学的补充，同时也培养了学生收集资料、整理资料的能力，学生积极性提高，参与到课堂教学中的热情高涨，确实收到较好的教学效果。

3. 特别注重前后知识的衔接，知识小节之间过渡自然。学生已经学习第一次工业革命，第二次工业革命是在第一次工业革命的基础上又一次质的飞跃，为了便于学生理解这个知识点，避免知识点的混淆，使知识更具系统性、完整性，教师在课堂上设置了讨论探究环节，就"回顾两次工业革命的成果给我们哪些有益启迪、我们国家应该怎么做"进行讨论，从而引出第三次科技革命，这样使整个科技革命成为一个整体，有利于学生整体把握知识。

4. 学生上网查找资料环节。教师让学生自己在计算机上操作，利用百度搜索查找自然界中有哪些电现象，以及人类是怎样发现电是一种可以利用的能量等内容，完成对知识的了解。在课堂上让学生学会过滤、筛选信息，学会对知识进行归纳和总结，学会利用网上资源自主学习。

5. 利用云课堂"屏幕广播"功能观看视频。本节课爱迪生的事迹是对学生进行情感教育的好题材,全班同步观看视频"爱迪生的故事",使学生对爱迪生的成长过程、发明的电器对人类的贡献、刻苦钻研的优秀品质等有所了解。声音和图像,把客观事物具体化、形象化,学生眼见其形、耳观其声,激发了学生的学习兴趣,吸引了学生的注意力,调动学生学习的积极性。完成对视频的观看之后,学生结合自身感受谈谈从爱迪生的故事中受到的启迪,使学生深刻认识到爱迪生的巨大成就,他的成就来源于他的勤奋、创造才能和集体的力量,教育学生认识集体主义力量的强大,让学生从爱迪生艰苦拼搏的奋斗精神中汲取精神的力量。

6. 课堂教学不可缺少的环节是要注重课堂反馈,教师利用云课堂"传送文件"的功能,及时检查学生对本节课知识的掌握程度,精心设计了课堂练习,布置作业,教师把 Excel 制作的可以自主计算总分的课堂小测试,通过云课堂的"传送文件"的功能,把文件发送给每一个学生,学生完成后把文件重命名为自己的名字,通过云课堂"传送文件"功能,把小测试上交到教师机上,教师当堂查阅学生作业,既迅速又方便,还能及时掌握学生的学习情况。

三、本节课在教学中不满意的方面

1. 难点突破不理想,例如,在讲到电器的广泛使用对提高人类社会生活质量的重要作用时,教师引导,假如现代人离开了电,又会发生什么事情呢?从发生在我们今天现实生活中的停电事故,同学们得到什么启发?课堂上虽然教师引导了学生进行分组讨论,但学生谈得并不充分,也不够到位,只是停留在自身对停电带来不便的简单认识上,考虑到教学时间的约束,只能草草了结此处的分析理解。

2. 课外开发的资源过多,上课时间较紧。开发利用的课外教学资源,是为这节课的教学服务的,有利于这节课教学目标的达成。不要让课外教学资源牵着学生往这节课的外面走,这才是开发利用课外教学资源的有效做法。这节课开发的课外资源多了些，导致：一是时间紧，二是学生的思维被牵走分散课堂的注意力。这是我今后教学应改进的地方。

3. 使用云课堂教室，投影幕布尺寸较小，距离远的学生看不到内容，不利于教学。

4. 学生电脑上网速度稍慢，影响课堂教学的推进。

第三节 《建设中国特色社会主义》专题复习教学设计

设计理念

1. 采用翻转课堂教学模式，本节课以学生分组合作学习为主，以教师归纳、提示、引导点拨为辅，学法渗透贯穿于整节课之中。

2. 通过课前测试题，了解学生对本单元知识的掌握情况，确定好复习单元重点。

3. 充分利用信息化的手段，创设真实的教学情境和营造轻松的课堂气氛，拉近历史与现实之间的距离。

4. 通过合作释疑知识等方式，采用激发学生思维兴奋点的方式，引导学生领悟所学知识，实现课堂复习的高效性，有利于学习目标的达成。

复习目的

1. 通过复习，能够查漏补缺，达到温故知新的目的。

2. 通过课前自主学习任务单导航、自主复习、图片解说等手段，提高学生归纳分析自主学习协作的学习能力和对历史的感悟能力。

3. 通过图片教学、赏歌说史、图说历史法等方式方法，拉近历史与学生之间的距离，让学生能够在歌声中去理解历史，在观察中去感悟历史，在感悟中去提升情感态度价值观。

4. 通过单元复习，学生能够从整体上认识，党的十一届三中全会是中国历史上一次伟大的转折点，中国改革开放和社会主义现代化建设的指导思想是邓小平理论，改革开放是我们的强国之路。

复习重点

1. 十一届三中全会
2. 农村和城市的经济体制改革
3. 深圳等经济特区的建立
4. 邓小平理论

复习难点

本单元有些内容比较抽象，理论性比较强，学生不容易理解。

复习方法

单元标题解读法、课前自主复习法、赏歌说史法、图片教学图说历史法、知识梳理法、综合归纳法等。

板书设计

1. 历史转折
2. 改革开放
3. 邓小平理论

复习过程

一、展示评价，对课前学习情况进行点评（2分钟）

教师：同学们好！上课之前，我们对第三单元课前学习情况进行通报，请看屏幕。

教师：平均分最高的是第五小组，个人完成好的有以下同学……，请大家对完成好的小组和个人掌声鼓励，请组长对获得前三名的小组各加10分，个人加星。

教师：课前测试题使我们对第三单元的基础知识有了一定的掌握，也知道自己存在不足的方面，这节课我们的任务就是查漏补缺系统复习，对知识进行巩固。请看屏幕，本节课的复习目标经过梳理一共有三个考点，归纳起来一共三个词：①历史转折，②改革开放，③邓小平理论。

（屏幕展示复习目标）

> **复习目标**
>
> 考点一，熟练掌握中国共产党十一届三中全会是我国社会主义现代化建设伟大转折的有关知识。
>
> 考点二，了解我国改革开放的具体过程，理解改革开放是强国之路。
>
> 考点三，掌握建设有中国特色的社会主义形成的过程，认识邓小平理论是改革开放和社会主义现代化建设的指导思想。

过渡语言：这节课我们仍然采取小组竞争的模式展开学习，对表现好的小组和个人加分进行奖励，请各组的组长注意做好记录。

十一届三中全会以后，党和政府实行改革开放的战略决策，在实践中探索出了建设有中国特色的社会主义道路。国家日益繁荣富强，人民生活水平明显改善。改革开放的总设计师邓小平是如何带领中国人民走向繁荣富强的呢？下面请同学们带着问题，结合学习任务单，用十五分钟的时间快速复习第三单元的四课内容。

二、知识梳理、学习任务单导航、自主复习（15分钟）

（屏幕出示梳理本单元基础知识的框架，让学生结合学习任务单自主复习，快速完成复习目标）

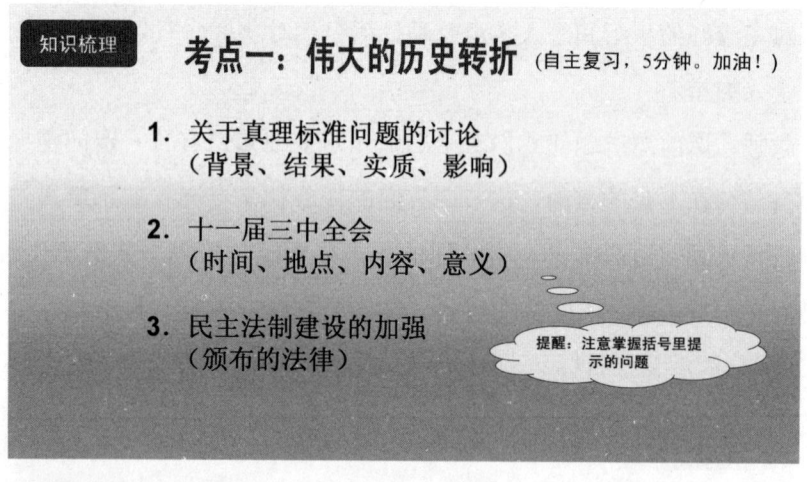

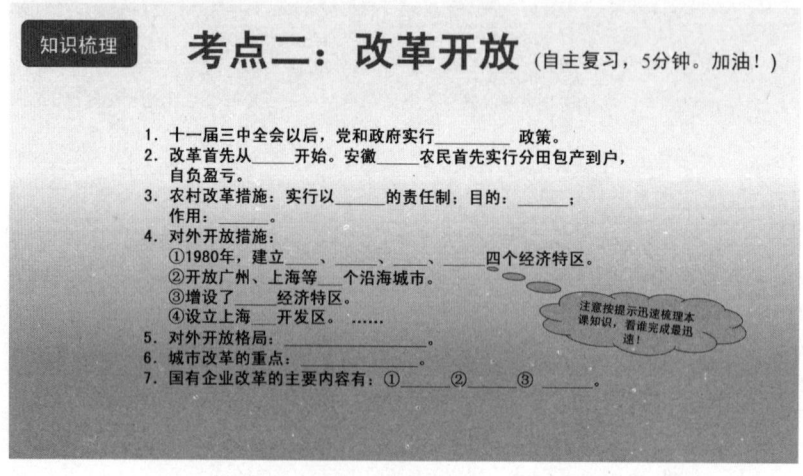

知识梳理　考点一：伟大的历史转折（自主复习，5分钟。加油！）

1. 关于真理标准问题的讨论
   （背景、结果、实质、影响）
2. 十一届三中全会
   （时间、地点、内容、意义）
3. 民主法制建设的加强
   （颁布的法律）

> 提醒：注意掌握括号里提示的问题

知识梳理　考点二：改革开放（自主复习，5分钟。加油！）

1. 十一届三中全会以后，党和政府实行_____政策。
2. 改革首先从_____开始。安徽_____农民首先实行分田包产到户，自负盈亏。
3. 农村改革措施：实行以_____的责任制；目的：_____；作用：_____。
4. 对外开放措施：
   ①1980年，建立____、____、____、____四个经济特区。
   ②开放广州、上海等____个沿海城市。
   ③增设_____经济特区。
   ④设立上海_____开发区。……
5. 对外开放格局：_____。
6. 城市改革的重点：_____。
7. 国有企业改革的主要内容有：①_____ ②_____ ③_____。

> 注意按提示迅速梳理本课知识，看谁完成最迅速！

> **知识梳理** **考点三：建设有中国特色的社会主义** （自主复习，5分钟。加油！）
>
> 邓小平理论是改革开放和社会主义现代化建设的指导思想
> 1. 主要创立者：邓小平。
> 2. 邓小平理论的形成：
> (1)十一届三中全会以前，邓小平提出要实行改革开放。
> (2)实行改革开放后，邓小平又提出"必须坚持四项基本原则"。
> (3)1982年，中共十二大，邓小平明确提出建设有中国特色的社会主义。
> (4)1987年，中共十三大，邓小平阐明了社会主义初级阶段理论，提出社会主义初级阶段的基本路线。
> (5)1992年，邓小平发表"南方谈话"，进一步解放了人们的思想，对建设有中国特色的社会主义产生了深远影响。

（学生自主复习，教师巡回检查指导）

三、组内互相检查，看谁更行！（3分钟）（组内互相提问，比学习效果）

组长检查本组同学任务单完成情况，对组内同学进行加星。

四、合作释疑，加深理解

教师：下面我们以小组为单位，组内互相讨论，推荐一个同学，代表本组发言。（屏幕展示要讨论的问题）

> **合作释疑** 小组讨论2分钟
>
> 小组奖励 ▌
> 个人奖励 ★★
> 补充奖励 ★
>
> 1. 遵义会议和十一届三中全会的不同
> 2. 新中国成立以来我国土地制度的演变
> 3. 我国两次对外开放的不同
>
> 要求：
> 1、组长带领组员参与讨论，把答案写在白纸上并条理清楚，组内的同学帮助有困难的同学。
> 2、小组又快又准讨论完毕全员举手。

五、学以致用，综合达标（大展身手，学生抢答！）

教师：学以致用，是我们学习的终极目的。接下来，我们进入个人抢答环节，对抢答成功的同学一次加5分，是你们大展身手的时候了！老师设置了几道题，希望你们有优秀的表现。请看第一大题。

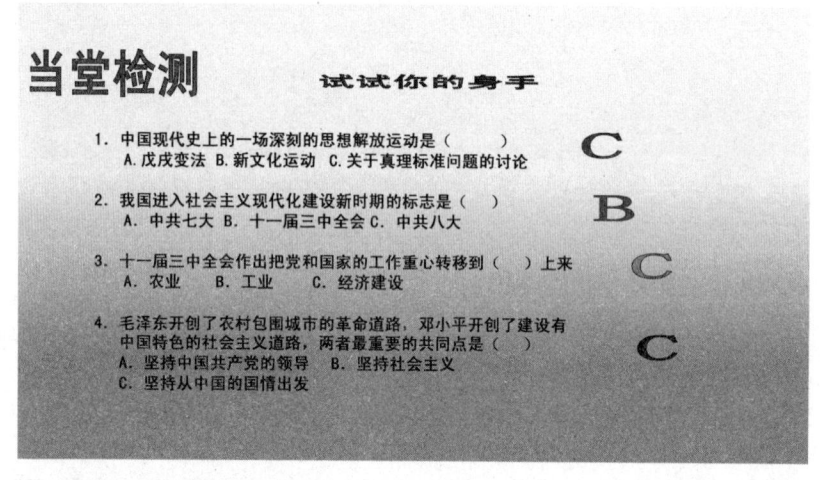

当堂检测　试试你的身手

1. 中国现代史上的一场深刻的思想解放运动是（　）
   A. 戊戌变法　B. 新文化运动　C. 关于真理标准问题的讨论
2. 我国进入社会主义现代化建设新时期的标志是（　）
   A. 中共七大　B. 十一届三中全会　C. 中共八大
3. 十一届三中全会作出把党和国家的工作重心转移到（　）上来
   A. 农业　B. 工业　C. 经济建设
4. 毛泽东开创了农村包围城市的革命道路，邓小平开创了建设有中国特色的社会主义道路，两者最重要的共同点是（　）
   A. 坚持中国共产党的领导　B. 坚持社会主义
   C. 坚持从中国的国情出发

答案：C　C　C　C

教师：第二大题。

知识连线

十三大 —— 社会主义初级阶段的基本路线
国有企业 —— 实行经营承包责任制
十一届三中全会 —— 中国改革开放的开端
邓小平南巡讲话 —— 要抓住时机，发展自己

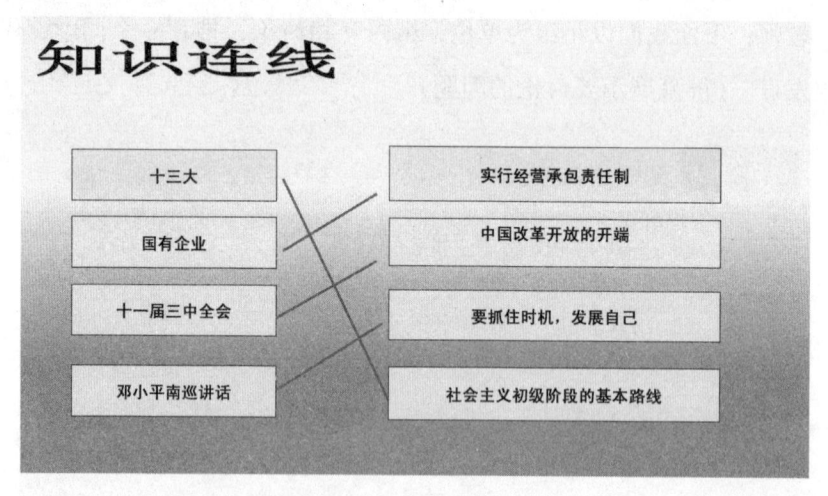

教师：第三大题是图说历史、串联历史，学习历史需要敏锐的观察力和洞察力，你有吗？

下面是一组历史图片展览，每一幅图片里都包含着内容丰富的历史，

第二篇 创新设计与反思

主题是"改革开放经典瞬间"。

教师：请你根据提示，仔细观察每一幅图片，阐释图片所包含的历史含义。这些图片，就是一段串联起来的历史！

（屏幕展示）

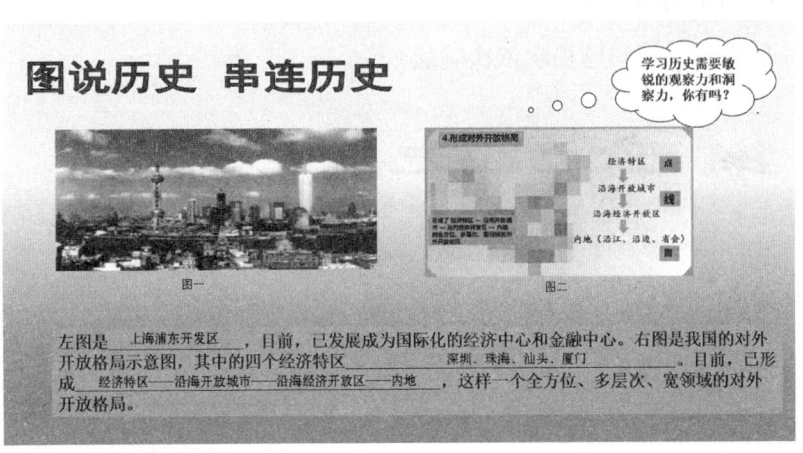

图说历史　串连历史

学习历史需要敏锐的观察力和洞察力，你有吗？

《光明日报》发表的《实践是检验真理的唯一标准》的文章
图一　　　　　　　　　　图二

从图一中可以看出，1978年，思想理论界展开了一场关于 <u>真理标准问题的讨论</u> 。通过这场讨论，人们认识到，<u>实践是检验真理的唯一标准</u> 。这是一场深刻的 <u>思想解放运动</u> ，为图二的召开，奠定了思想基础。图二反映的历史事件是召开十一届三中全会，此次会议作出了 <u>把党和国家的工作重心转移到经济建设上来，实行改革开放</u> 的伟大决策，是 <u>建国以来</u> 党的历史上具有深远意义的转折。从此，中国的历史进入社会主义现代化建设的新时期。

图说历史　串连历史

学习历史需要敏锐的观察力和洞察力，你有吗？

图一　　　　　　　　　　图二

左图是 <u>上海浦东开发区</u> ，目前，已发展成为国际化的经济中心和金融中心。右图是我国的对外开放格局示意图，其中的四个经济特区 <u>深圳、珠海、汕头、厦门</u> 。目前，已形成 <u>经济特区——沿海开放城市——沿海经济开放区——内地</u> ，这样一个全方位、多层次、宽领域的对外开放格局。

历史厚重　潮涌松江　>>>

图说历史　串连历史

图一　　图二

十一届三中全会以后，党和政府实行＿＿改革开放＿＿政策。改革先从＿农村＿开始。图三和图四反映的是＿安徽凤阳小岗村＿18户农民所签订的中国农村第一张分田合同。这种建立生产责任制的做法得到中央的肯定。随后，在中央的指导下，农村逐步推行以＿＿以家庭联产为主＿＿的责任制，农业生产得到大发展，农村开始富裕起来了。

教师：第四大题是赏歌说史，在歌声中纵横理解历史。（8分钟）

教师：好的歌曲是历史发展的见证，历史也在谱写着歌曲。下面这首歌曲是反映这一单元内容的经典历史歌曲。接下来，让我们一起来欣赏、感悟歌声中的历史！

（屏幕音乐按问题提示依次响起）

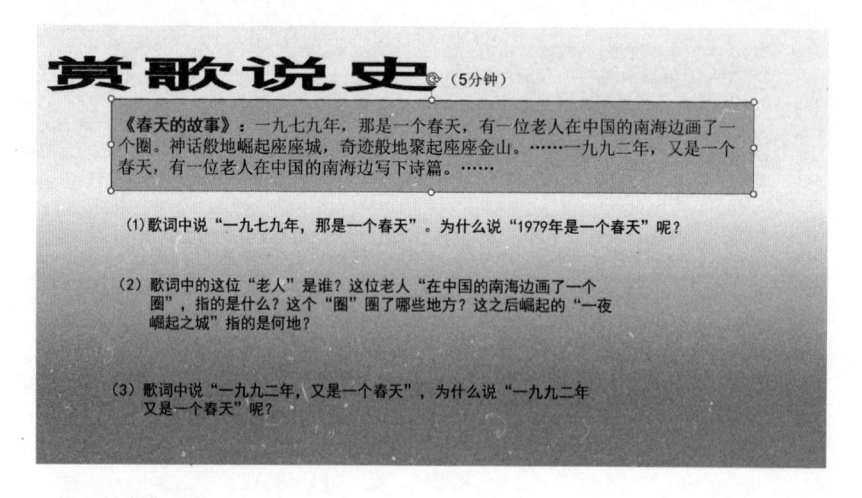

赏歌说史 （5分钟）

《春天的故事》：一九七九年，那是一个春天，有一位老人在中国的南海边画了一个圈。神话般地崛起座座城，奇迹般地聚起座座金山。……一九九二年，又是一个春天，有一位老人在中国的南海边写下诗篇。……

(1) 歌词中说"一九七九年，那是一个春天"。为什么说"1979年是一个春天"呢？

(2) 歌词中的这位"老人"是谁？这位老人"在中国的南海边画了一个圈"，指的是什么？这个"圈"圈了哪些地方？这之后崛起的"一夜崛起之城"指的是何地？

(3) 歌词中说"一九九二年，又是一个春天"，为什么说"一九九二年又是一个春天"呢？

六、总结收获

通过这节课的学习，同学们对本单元的知识加深了理解和记忆，我们看一看这一节课表现最好的前三名同学是……个人是……

结束语：同学们，在社会主义现代化建设的新时期，我们一定要坚定不移、毫不动摇地高举邓小平理论的伟大旗帜，走建设中国特色社会主义道路，这样，我们国家的前景一定会更加美好！

第四节 《建设中国特色社会主义》专题复习教学反思

本节课分为三个部分：考点一，伟大的历史转折；考点二，改革开放；考点三，建设有中国特色的社会主义道路。通过本课学习，学生掌握和巩固了以下基础知识：中国共产党十一届三中全会是我国社会主义现代化建设的伟大转折点；我国改革开放的具体过程；改革开放是强国之路。学生掌握建设有中国特色的社会主义形成的过程，认识邓小平理论是改革开放和社会主义现代化建设的指导思想。

本单元复习的重点：十一届三中全会相关内容，农村和城市的经济体制改革的情况，深圳等经济特区建立的相关情况，邓小平理论。难点：本单元的内容较多，有的比较抽象，有的理论性强，对学生来说不易理解。

这节课上完之后，我从教学设计、单元重难点的突破、教学效果等方面进行反思，具体有以下几个方面的内容。

一、成功之处

1. 本课的理论性较强，让学生能够理解是第一要务，因此我采用展示丰富图片的方式，强调说明内容让学生理解。

2. 在这一节课的自主学习期间，我及时给学生指导，发现学生存在的问题予以及时纠正，真正让预习达到预期的效果。例如：有的学生在预习中不注意分条罗列，不注意抓关键句子，我都予以及时指正。

3. 在这节课的导入和课堂反馈中，我利用好身边的素材，充分挖掘了课程资源。

二、不足之处

1. 在课堂教学中，课堂提问的设置不是太好，尤其是第二个问题"最早建立的四个经济特区是哪四个？后来又增设了哪个？"这样的问题，对拓展学生的思维效果不好。应改为："最大的是哪一个？既是五口通商，又是经济特区的是哪一个？一夜崛起之城是哪一个？"这样问，效果就有了很大的不同。

2. 在课件的设计上，知识点过多，在第二节课上我又做了一些调整，删除了那些不需要的东西，既节约了时间，又提高了课堂效率。

3. 由于课本知识过多，引入的材料有限，需要引入更多的材料，才能更加清晰明了地实现课堂互动学习。

第五节 《资产阶级统治的巩固与扩大》专题复习教学设计

复习目标

1. 熟悉并记住"美国南北战争""俄国农奴制改革""日本明治维新"的重要知识点。明确美国南北战争、俄国农奴制改革、日本明治维新在国家发展中的作用。

2. 综合运用所学知识,快速、准确地完成习题训练,提高解题能力。

3. 学会归纳总结解题技巧,善于联系热点,准确定位考点。

教学重难点

重点:《解放黑人奴隶宣言》、废除农奴制法令、明治维新的主要内容。

难点:美国南北战争、俄国农奴制改革、日本明治维新在国家发展中的作用。

教学方法:自主学习+合作探究+点拨引导

教学课时:1课时

教学手段:多媒体

教学过程:

1. 导入:让学生认识"亚历山大二世、明治天皇、林肯"三个人物来引入主题。

2. 多媒体展示"复习目标"（学生阅读）

3. 学生自主学习

学生快速识记基础知识，在心中构建识记知识结构图。

一、基础考点识记

（一）美国南北战争（1861—1865 年）

1. 根本原因：两种经济制度，即北方各州资本主义雇佣劳动制和南方各蓄奴州种植园奴隶制之间的矛盾，或者南方各蓄奴州的种植园奴隶制阻碍了北方资本主义的发展。

2. 南北矛盾的焦点：南方黑人奴隶制的存废问题。

3. 导火线：1860 年 11 月，林肯当选美国总统，他主张限制奴隶制的发展。

4. 开始：1861 年 4 月南方奴隶主挑起内战，"首都"里士满，"总统"杰弗逊·戴维斯。

5. 转折：1862 年，林肯政府颁布《宅地法》和《解放黑人奴隶宣言》。（1863 年 1 月 1 日南方叛乱诸州废除奴隶制，1865 年 1 月美国全国废除奴隶制）

6. 决定胜局：1863 年 7 月，葛底斯堡战役。

7. 结束：1865 年 4 月南方同盟军投降，美国内战结束。

8. 美国南北战争的历史意义：南北战争是美国历史上第二次资产阶级革命，废除黑人奴隶制度，解决农民的土地问题，维护国家统一，为美国资本主义加速发展扫清道路，为美国跻身世界强国之列奠定基础。

（二）俄国农奴制改革（1861 年）

1. 原因

（1）根本原因：俄国的社会矛盾被农奴制激化，俄国资本主义进一步发展受到严重阻碍。

（2）直接原因：俄国与英法进行的克里米亚战争惨遭失败，失败的主要原因是俄国农奴制度导致社会经济落后，彻底暴露了农奴制度的腐朽性。

2. 主持者：沙皇亚历山大二世。

3. 内容

（1）政治：规定农民在法律上是自由人，享有参加选举等各种自由的权利，地主不得以任何借口买卖农民或干涉他们的生活。

（2）经济：农民在获得自由前要交纳一定的赎金，才可得到一块份地和宅园地。

4. 性质：俄国农奴制改革是自上而下的资产阶级性质的改革。

5. 意义：俄国废除了农奴制，为资本主义发展提供必要的雇佣劳动力、资金、国内市场，提供相对稳定的社会环境，加快俄国工业化的历史进程。俄国逐渐走上资本主义发展的道路。

6. 评价：俄国农奴制改革是沙皇亚历山大二世进行的一场自上而下实行的资产阶级性质的改革，加快俄国资本主义的发展，是俄国近代历史上重大的转折点，但这场改革不彻底，保留大量的封建残余。

（三）日本明治维新——资产阶级的改革

1. 背景

（1）德川幕府统治时期，日本是一个闭关锁国、保守落后的封建国家。

（2）19世纪中期的日本，资本主义性质手工工场的数量和规模进一步扩大，江户、大阪、京都成为商业中心。下级武士由封建社会的支柱变成倒幕主力。

（3）1854年美国强行打开日本国门，强迫日本签订《日美亲善条约》。随后，英法俄等国也接踵而来，强迫日本签订不平等条约，日本面临沦为半殖民地的严重民族危机。

2. 前提

（1）19世纪50年代末，下级武士发动了"尊王攘夷"运动和倒幕运动。

（2）1867年10月武装倒幕运动开始，1868年初，倒幕派打败幕府军，统治日本260多年的德川幕府被推翻。

3. 明治初年的改革

（1）政治：废藩置县加强了中央集权。

（2）经济：引进西方先进技术设备和管理方法，殖产兴业，大力扶植资本主义工业发展，废除封建领主土地制，国家允许土地自由买卖。

（3）军事：富国强兵，实行了征兵制，建立了新式军队和警察制度。

（4）文化：提倡文明开化，学习西方思想文化和科学技术，发展现代教育，提高国民的知识水平，培养现代化的人才。

4. 性质：是一次自上而下的资产阶级性质的改革。

5. 影响

（1）是日本历史的转折点，日本从此走上了资本主义发展的道路。

（2）日本废除不平等条约，摆脱了民族危机，成为当时亚洲唯一能保持民族独立的国家。

（3）这场改革不彻底，保留大量的封建残余，日本开始走上对外侵略的道路，并跻身于西方资本主义列强的行列。

（四）中考演练，培养思维

1.（3分）（2019年铜仁）它是一个落后的封建国家，通过"废除封建领主土地制，废藩置县，学习西方思想文化和科学技术"等改革，迅速崛起，走上资本主义道路。这次改革是（ A ）

A. 日本的明治维新　　　　B. 俄国的1861年改革
C. 俄国的彼得一世改革　　D. 美国的第二次资产阶级革命

2.（3分）（2017年铜仁）19世纪中后期，西方列强通过殖民扩张把广大亚、非、拉美地区纳为自己的殖民地或半殖民地。下列国家中,通过改革摆脱民族危机、成为亚洲唯一保持民族独立的是(B)

A. 中国　　　B. 日本　　　C. 印度　　　D. 朝鲜

3.（3分）（2015年铜仁）以下属于自上而下的资产阶级改革的是(C)

A. 英国资产阶级革命　　　B. 法国大革命

C. 俄国奴隶制改革　　　　D. 美国南北战争

4.（3分）（六盘水）之所以说南北战争是美国历史上的第二次资产阶级革命,是因为这场战争(B)

A. 最终维护了美国国家的统一

B. 废除了黑人奴隶制度扫清资本主义发展的又一大障碍

C. 以法律的形式满足了广大人民对土地的要求

D. 消灭了南方种植园经济

5.（6分）（2020年铜仁）阅读下列材料。

材料：北方人的思想活跃,崇尚自由贸易,视野开阔。南方人固执己见,憨厚稳重,保留着奴隶制的陋习。美国北方人看不惯美国南方人,美国南方人不服美国北方人。美国北方人要解放南方的奴隶,严重侵犯了美国南方人的利益。美国北方人提出给南方富人适当的补偿即解放一个农奴补偿多少钱,遭到美国南方富人的拒绝。美国北方和南方的人都对这场战争跃跃欲试、充满期待,就像一场赌博,都把赌注压在自己的一方。

请回答：

美国内战前南北双方争论的焦点是什么？（2分）美国内战中哪一文件的发表扭转了北方的不利局面？（2分）内战最后的成果是什么？（2分）

答：奴隶制的存废问题。《解放黑人奴隶宣言》。维护了国家统一,解放了黑人奴隶。

6. （8分）（2018年铜仁）阅读下列材料。

材料：经过这场战争，美国维护了国家统一，废除奴隶制度，为美国资本主义扫除障碍，为以后经济的迅速发展创造了必要的历史条件。

请回答：

（1）材料中反映了美国的哪一次战争？（2分）并指出这一场战争争论的焦点是什么？（2分）

答：美国南北战争。焦点：奴隶制的存废问题。

（2）在材料所反映的战争中林肯政府为扭转战局颁布的两部重要文件分别是什么？（4分）

答：重要的文件有《解放黑人奴隶宣言》《宅地法》。

（五）合作探究凝聚活力

以铜仁市中考试题为例，让学生了解近几年本单元知识在中考中所占的比例，提请学生注意。

资产阶级统治的巩固与扩大	2016年	2017年	2018年	2019年	2020年
选择题分值	3分		3分	3分	
材料分析题分值		6分			8分

（六）课堂小结，趋势预测

本专题是资本主义发展历程中的重要环节，近几年铜仁市中考普遍均有考查，既有单点考查，又有分别组合考查美国史、俄国史、日本史、改革、统一等线索形成的专题式命题。

（七）巩固训练创新思维 自测巩固训练

1.（遵义）根据下列内容提示，确定历史事件（ D ）

提示一，发生于19世纪中期；提示二，为资本主义发展创造了必要条件；提示三，规定农奴法律上成为自由人。

A. 拉丁美洲独立运动 　　　　B. 日本明治维新

C. 法国资产阶级革命 　　　　D. 俄国农奴制改革

2. (遵义)南北战争在美国历史上被称为美国第二次资产阶级革命，其原因是（ C ）

A. 获得了国家独立和民族解放

B. 维护了黑人奴隶制

C. 进一步扫清了资本主义发展的障碍

D. 清除了种族歧视

3. (六盘水)构建和谐社会是人类共同的理想，不同时期不同国家构建和谐社会所面临的主要任务也各不相同。美国南北战争时期，林肯政府构建和谐社会面临的主要任务是（ D ）

①摆脱英国殖民统治　　　　②平定南北分裂叛乱

③废除黑人奴隶制度　　　　④实现社会财富的平均分配

A. ①②③　　　B. ②③④　　　C. ①②　　　D. ②③

4. (2012年贵阳)日本——亚洲的例外。

从地理环境看，日本可以说是"上帝的弃儿"，陆地面积狭小，自然资源匮乏，地质灾害频发。但从人文经济的角度来看，早在19世纪60年代末，它就学习了西方，实施改革，"脱亚入欧"，成了亚洲的例外。后来日本成为第一个承办奥运会的亚洲国家，世界第二个资本主义经济强国，简直就是"上帝的宠儿"。

请回答：

(1) 19世纪60年代末，日本学习西方实施变革的重大历史事件是什么？该事件中，日本在生活方面是如何"脱亚入欧"学习西方的？(4分)

答：明治维新。仿效欧美，设立新式学堂，普及初等教育。政府提倡"文明开化"，学习欧美的资本主义文明。盖洋楼，吃西餐，穿西装，改变传统的日本发型等。

5.（黔东南）改革是社会进步的重要推动力。在古代、近代和现代，不同的国家正是通过一次次的改革不断崛起的。请回答：

（1）近代史上为了摆脱困境，19世纪60年代俄国和日本分别进行了什么改革？

答：俄国1861年农奴制改革；日本明治维新。

（2）请结合文字和图片材料，自编问题。

材料：19世纪60年代，为了维护资产阶级巩固和扩大统治，在世界近代浪潮的冲击下，东西方掀起了国家体制改革和武装革命。

图一　亚历山大二世　　图二　林肯　　图三　明治天皇

（八）创新能力大比拼

比一比谁最棒

假如我是中考命题人，我命的题目是……

（九）课后反思

通过这节课的教学，学生熟练掌握了这一单元的知识点，了解了中考的题型，教学中让学生进行题型训练，提高了学生的解题能力，通过学生自编问题及能力比拼活动的设计，培养了学生的创新思维和竞争意识。课堂教学中学生的积极性较高，自主学习能力较强。但是，教学过程中，学生思考的时间太少，不利于学生综合能力的提高，巩固检测题目深度不够，教材挖掘太浅。在以后的教学中，注意给学生充足的时间讨论，自己注意深刻挖掘教材，在教学过程中注意教会学生答题的方法和技巧。另外，我的语言不太流畅。在今后的教学中还需加强自己的语言组织能力。

第六节 《明朝的对外关系》教学设计

一、教学目标

1. 知识与能力：掌握郑和下西洋的目的、时间、到达地区及意义等相关史实；知道戚继光抗倭的基本史实，正确评价戚继光；认识郑和远航是世界航海史上的壮举，学习戚继光的爱国主义精神。

2. 过程与方法：通过对郑和下西洋路线的学习，培养学生的观察识图能力以及分析图片史料的能力。

3. 情感态度与价值观：通过对郑和下西洋、戚继光抗倭等事件的学习，向学生进行传统的爱国主义教育，引导学生发现戚继光与郑和两位英雄历史人物的人格魅力，助力学生形成正确的人生观，增强学生的民族自信心和自豪感。

二、教学重难点

1. 教学重点：郑和下西洋和戚继光抗倭。
2. 教学难点：郑和远航的影响以及戚继光抗倭的意义。

三、教学方法

讲授法，直观演示法，讨论法，创设情境法。

四、教学过程

导入新课:"初次见面,老师给同学们带来了一件礼物,同学们看看这是什么?"学生回答:"玉米、土豆。""用我们松桃方言怎么说?"回答:"苞谷、洋芋。""那么这两样食物是从什么时候来到中国的呢?""明朝。""明朝在世界历史上是一个重要的历史时期,明朝前期的'郑和下西洋'建立了以大明为中心的世界朝贡体系,外国许多种食物在此时传入中国。今天我们一起来了解一下明朝的对外关系。"(通过展示实物的方法,引起学生的好奇心,激发学生学习本课的兴趣)导入本课。

(一)郑和下西洋

1. 多媒体展示本课学习目标。(学生掌握本课所要学习的内容有哪些)

使用计时器计时三分钟,让学生阅读教材郑和下西洋的相关内容。

2. 多媒体展示地图,借助地图,引导学生掌握明初西洋的范围。(使学生形成时空概念及掌握郑和下西洋的史实,教师简要介绍郑和,使学生了解郑和其人)

3. 多媒体播放郑和下西洋的短视频,再展示《明史·郑和传》史料节选(培养学生学会从材料中抓关键词,提取相关信息的能力),引导学生掌握郑和下西洋的目的。

4. 设置创设情境环节:假如是你要去海上航行,面对无法预知的海上风险,你需要做哪些航海准备?(自由讨论,使学生学会主动思考,从而得出郑和下西洋具备的条件。)

5. 多媒体展示郑和下西洋的路线图,让学生结合课本内容,完成郑和下西洋的内容填空。(培养学生学会从课本中寻找知识点。)

6. 同学、同桌之间可讨论郑和下西洋的意义,教师提示学生从郑和下西洋的时间、次数、船队规模以及到达的地点来思考。展示相关史料,分析解读材料，培养学生的总结归纳能力。

教师过渡：郑和不仅是一位伟大的航海家，他还拥有长远的政治眼光，他劝诫朱棣的后继者朱高炽说：想要国家富强，不能置国家的领海于不顾，从海上获得财富的同时，也可能随之亦有危险而来。危险来犯之时，明朝国力发生了怎样的变化呢？现在我们来了解明朝遭遇外敌入侵的内容。教师展示戚继光抗倭的PPT。

（二）戚继光抗倭

1. 引导学生掌握明朝国力减弱的史实背景，出现倭寇入侵东南沿海情况（播放戚继光抗倭视频），看完视频后，提问学生倭寇是哪些人？学生可回答：日本的一些武士和奸商组成海盗武装集团到东南沿海进行走私贸易和抢劫，被时人称为"倭寇"。教师展示倭寇在东南沿海犯下罪行的史料。面对外敌入侵，明王朝派出一名英雄人物戚继光去抗倭。教师提问戚继光是怎样抗击倭寇的？是戚继光一人抗击还是有军队？学生回答军队，教师由此引导学生掌握戚家军军队训练有素、纪律严明、能征善战的特点。戚继光还新创造了一种战略战术"鸳鸯阵"，指导学生阅读课本74页内容，让学生上讲台填写戚继光领导戚家军抗倭的经过，使学生掌握戚继光抗倭的史实。

2. 引导学生理解掌握戚继光抗倭是一场反侵略战争。

3. 自由讨论：戚继光抗倭胜利的原因。让学生自由讨论，教师总结，培养学生的思考总结能力。

4. 引导学生如何评价戚继光，展示戚继光名言：封侯非我意，但愿海波平。引导学生得出：戚继光淡泊名利，维护祖国领土主权完整的爱国主义精神值得我们学习，他是我国历史上一位伟大的民族英雄。教师总结戚继光的抗倭行动维护了我国领土主权完整，使学生明白，维护祖国利益是每一个中华儿女的使命。

教师过渡：明朝除了来自日本的祸患，还遭遇了大西洋沿岸葡萄牙的侵扰。

（三）葡萄牙攫取在澳门的居住权

学生阅读课本，完成葡萄牙攫取澳门的表格填写。使学生掌握澳门的居住权被葡萄牙攫取了的史实。教师补充1999年12月20日，中华人民共和国恢复了对澳门行使主权。

课堂总结

通过明朝对外关系（郑和下西洋，戚继光抗倭，葡萄牙攫取澳门的居住权）的学习，引导学生得出对外关系的变化是由国家综合实力决定的。我们要积极增强国家实力，重视海防建设，建设强大海军（以此培养学生的爱国情怀，为维护国家利益做出自己的贡献）。

板书设计

第15课 明朝的对外关系

一、郑和下西洋

1. 时间

2. 目的

3. 意义

二、戚继光抗倭

1. 抗倭过程

2. 抗倭战争性质

三、葡萄牙攫取澳门的居住权

第七节 《明朝的对外关系》教学反思

本课内容是部编版初中历史七年级下册第三单元第 15 课《明朝的对外关系》，下面我就本节课为实现三维目标，在教学设计、课堂情况等方面进行反思。

一、本节课的教学设计思路

第一，增加历史课的趣味性。兴趣是最好的老师，是学生学习最强劲的动力。《明朝的对外关系》这一课，教师将它设计成多媒体教学的形式，在教学之前，先选择了一段郑和下西洋的动画视频播放给学生看，让学生带着浓厚的兴趣走入课堂，通过老师的讲解，学生亲自动手制作郑和第一次下西洋的路线图。本节课讲述郑和下西洋方面的相关历史，依托多媒体教学手段，通过引导学习、设问激疑、自主讨论、主题探究等方式，突出了学生主体地位，发挥学生主观能动性，培养学生观察理解识图以及综合分析历史事件的能力。这节课最重要的是，让学生初步掌握多角度多方位客观全面地分析问题、评价历史事件和历史人物的能力。

第二，通过材料比较使学生自己得出结论，做到论从史出、史论结合。《明朝的对外关系》的难点是郑和下西洋的特点及其意义。在此我将其设计成幻灯片表格的形式，组织学生通过表格的对比学习总结得出郑和下西洋的特点（比如，时间早、次数多、规模大等），制定表格，把主要内容罗列出来，让学生根据表格内容比较郑和下西洋与新航路开辟在目的与性质历史影响方面的不同，分析明清时期我国远洋航海事业落后的原因。然后让学生根据表格对比得出郑和下西洋的特点，结合所学知识得出郑和下西洋的意义。

第三，从历史事件中寻求现实意义。比如，联系当今我国与各国友好往来的对外政策，引导学生进一步思考，郑和下西洋对于我们今天正确处理国际关系的借鉴意义。

二、本节课成功的体验

第一，在教学中，教师将本课的重点、难点问题化，可谓是别出心裁，利用表格进行比较，让学生对问题一目了然，将复杂的问题简单化，在比较的过程中既提高了解题技巧，又加深了对知识的理解，又在理解的基础上掌握了知识，轻松愉快地学完了这一课的内容，成为课堂教学中的一个亮点。

第二，在对郑和下西洋这一重大历史事件的评价过程中，精心设计了问题情境，让学生如临其境理解问题，这样对于郑和下西洋这一重大历史事件的评价，学生就能迎刃而解了。

第三，在上课之前，为了更加深入了解郑和下西洋这一重大历史事件，教师多次查阅资料，精心预设课堂中将要出现的问题，就如何解决这些问题，教师在备课中做了准备。后来，在实际的教学进程中，师生互动激发、碰撞，结果出现了很多让人意想不到的观点，对此教师一一解答。整节课，教师及时对学生富有个性的、独特的见解进行鼓励赞许，拉近师生之间的距离，整节课师生在平等的对话中进行，课堂气氛活跃，关系融洽。

第四，教学过程中，很好地贯彻了教师为主导学生为主体的新课程理念，将学习的主动权交给学生，让学生进行自主学习、合作探究学习，养成自学习惯，学会自学，提高综合分析问题的能力。

三、本节课的不足之处

在教学活动过程中，学生的互动较少，教师讲述得多。在郑和下西洋这个内容讲解过程中，选取视频时长较长，引导学生掌握郑和下西洋的目的的史料应以学生为主体，应让学生讲解。在戚继光抗倭这一节内容上，讲解较浅易，学生参与互动少。在葡萄牙攫取澳门居住权史实这一节上，应引导每一个学生参与进来，后排同学没兼顾到。在本课授课过程中，选用的视频不宜过多。在引导学生分析材料方面应该以学生为主体，凸显学生的主体地位。

四、今后应进一步提高的能力

第一，在今后的课堂教学中，培养学生独立思考问题的能力，敢于在课堂上提出问题，敢于问老师为什么，敢于挑战权威，勇于创新的精神。

第二，初一年级的学生要学会用唯物史观来评价重大历史事件和历史人物，要用历史的辩证的观点，即一分为二的观点去看待历史人物和历史事件。

第八节 《文学艺术》教学设计

【教学目标】

一、知识与能力

1. 掌握唐宋元明清各个历史时期的文学样式，主要代表人物及代表作品。

2. 了解中国古代的文学成就，对古代名诗名作进行分析，培养学生对文学的鉴赏能力，从文学作品中认识社会的能力。

二、过程与方法

1. 通过课堂上的阅读讨论交流等活动为切入点，收集历代文学名篇，熟悉课本中著名文学家的生平事迹，扩展知识面，增强对文学作品作家的理性认识。

2. 动手整理文学领域中的杰出成就，制作简单的表格。

三、情感态度和价值观

1. 通过吟诵欣赏中国古代文学成就，让学生感受古代文人忧国忧民的情怀，增强学生的民族自豪感。

2. 通过学习，使学生认识到伟大的作品离不开作者高尚的人品，伟大的诗人和作家,都有爱国爱民的高尚情操。

【教学要点】

本课主要介绍唐宋元明清各个历史时期的主要文学样式,主要代表人物及作品。唐宋是我国文化艺术发展的重要时期,文学风格题材丰富多彩,文学样式丰富多样,有许多辉煌灿烂的文化作品呈现。

1. 重点是诗人有李白、杜甫、王维、白居易及代表作,词人有苏轼、辛弃疾及代表作,"四大"古典名著。

2. 难点是如何使文学作品的讲述和学习体现历史课程的特点。

【教学方法】

自主学习法　分组讨论法

【板书设计】

第19课　文学艺术(上)

一、唐诗

二、宋词

三、元曲

四、明清小说

【教学过程】

导入新课:略。

课件展出:课文标题

这节课的主要内容是介绍我国古代辉煌灿烂的文学成就,那么我国古代有哪些辉煌灿烂的文学呢?请看大屏幕。

103

课件展出：《赤壁怀古》《早发白帝城》《西游记》《窦娥冤》等图片。

教师提问：请说出以上作品的作者是谁？它们分别是属于什么样的文学样式？

学生回答：略。

教师分析：以上四部作品分属于不同的文学样式，分别是诗歌词杂剧小说，在不同的历史时期占据了当时文学的主流，这就是今天我们要学习和了解的新内容第19课文学艺术（上）。

一、唐诗（板书）

1. 教师讲解：讲到唐诗，我们大家都非常熟悉，古人曰"熟读唐诗三百首，不会作诗也会吟"，唐代是中国文学史上诗歌的黄金时代，名家杰作层出不穷，他们为时代添彩，为民族增光。

现在我又开始提问了：唐朝有哪些著名的诗人？说出他们的名字。

学生回答：略。

2. 教师强调：在灿若星斗的伟大诗人当中，最绚丽耀眼的有李白、杜甫、王维、白居易等。接下来，我们要对这四位诗人的代表作及诗歌风格做进一步的了解。我把这个题目作为必答题，每一组分别了解两位诗人。现在大家前后左右讨论几分钟，然后派代表回答问题。

首先，请听题：

（1）介绍李白的生平。

（2）代表作有哪些？

（3）请女生组朗诵李白的《早发白帝城》，让男生分析一下李白诗歌的风格。

（4）分析李白诗歌风格。

教师补充：李白生活在盛唐时期，社会经济的繁荣给作者诗歌创作提供了无尽的源泉，他的诗歌深受战国时期伟大诗人屈原的影响，有着丰富的想象力，具有绚烂多姿的浪漫主义色彩。加上他性格放荡不羁，才华横溢，流传了许多艺术感染力很强的千古传诵的名句。涉及内容广泛丰富，其中大部分都是我们学过的，比如，歌颂祖国锦绣山河的《望庐山瀑布》，写朋友之情的《赠汪伦》，写思乡之情的《静夜思》等。因为诗歌写得出神入化浑然天成，他被后世称为"诗仙"。

请听题：

（1）介绍杜甫的生平。

（2）代表作有哪些？

（3）请男生组朗诵杜甫的《茅屋为秋风所破歌》，请女生组分析一下杜甫诗歌风格。

（4）分析杜甫诗歌风格。

教师补充：杜甫，生活在唐朝封建社会由盛转衰的变化时代，风格沉郁，语言精练，是一位现实主义的诗人。他长期在颠沛流离的贫困生活中度过，他的诗最大特点是能够把社会现实与个人遭际紧密结合，能够深刻地感受到统治阶级的腐朽和人民的痛苦，他的诗被称为"诗史"，他被称为"诗圣"。

自古以来，文人多忧国忧民，我们从杜甫的诗中就可以感受到，现在请大家说一说关心民生疾苦的诗句。（抢答题）

学生回答：略。

教师补充：《茅屋为秋风所破歌》中，体现了饱览民生疾苦、体察人间冷暖的济世情怀。自己房屋被吹倒，没有安身之处，却发出了"安得广厦千万间，大庇天下寒士俱欢颜"的呼喊。作者希望能够有千万间宽敞高大的房子，来庇护天下贫寒的读书人，让他们个个都不挨饿不受冻，每个人都开颜欢笑，作者自己就是独守茅屋，受冻而死也心甘情愿。从这些诗句中感受到他忧国忧民的深挚情怀。

请听题：

（1）王维诗歌描写的内容主要是什么？

（2）代表作有哪些？

教师补充：有很多，我们主要分析《鸟鸣涧》，王维，生活在唐初时期，工诗善画，风格宁静恬淡，以优美的田园山水诗闻名。

请听题：

（1）白居易诗歌的特点是什么？

（2）代表作有哪些？

教师补充：有很多，我们主要分析《卖炭翁》，白居易，生活在唐朝衰落时期，他的诗通俗易懂，主张反映现实生活。

小结过渡：以上是我们学习的唐朝的诗，总而言之，唐诗以其深刻感人的思想内容、丰富多彩的题材形式成为中国诗歌发展史上的巅峰，也成为后人仰慕和取法的典范。

二、宋词（板书）

1. 教师讲解：词是一种新体诗歌，兴起于唐代。由五言、七言诗演变而来，句子长短不一，可依照特定曲调配乐演唱，到了宋朝时期，词成为最具特色的文学样式。这一时期最有成就的词人主要是柳永、苏轼、辛弃疾等。

接下来，我又要开始提问了，下面是抢答题。

（1）柳永的代表作是？

（2）苏轼的代表作是？

（3）辛弃疾的代表作是？

苏轼的《念奴娇·赤壁怀古》、辛弃疾的《破阵子·为陈同甫赋壮词以寄之》、柳永的《雨霖铃》。

请大家欣赏一段朗读。

课件展示：略。

2. 教师提问：

（1）柳永词的写作风格？

教师分析：柳词多写离愁别绪，风格婉约。

（2）对词的贡献？

扩展了词的容量。

课件展示：

（1）苏轼对词的贡献？

扩展了词的内容，升华词的意境，丰富了词的表现力。

（2）苏轼词的风格？

苏词纵论古今，有豪放的气势。

那么辛词的情况又如何呢？

课件展示：

（1）辛弃疾对词的贡献？

继承并发展了苏轼豪放清雄的词风。

（2）作品主要表现的主题？

抗金的主题，寄寓奋发激越的情怀，有金戈铁马的豪放的气势。

教师提问：同学们想想看，善于作词的现代词人中，有谁有像苏轼、辛弃疾这种豪放风格？请举例说明。学生回答：毛泽东的《沁园春·雪》。除此之外，还有一位女词人，她就是李清照。她的词风婉美、语言清新。

课件展示：略。

小结过渡：略。

三、元曲（板书）

分为杂剧和散曲，通常我们说的元曲主要指杂剧。元曲的代表人物有王实甫、马致远、关汉卿等，其中马致远的作品我们学过《天净沙　秋思》。元曲最著名的代表人物应该是关汉卿。

课件展示：略。

教师提问：说一说《窦娥冤》的故事？

学生回答：略。

教师补充：何以见得窦娥是冤屈的？关汉卿以浪漫主义的手法让窦娥临死的誓愿——应验，以此鞭挞当时的黑暗势力。这部催人泪下的悲剧被改编成为多种剧种，久演不衰。正因为这部作品，奠定了关汉卿在世界戏剧史上的地位，与英国的著名戏剧大师莎士比亚齐名，被称为"东方的莎士比亚"。

小结过渡：略。

四、明清小说（板书）

明清时期，新型的文学形式打破了正统诗文的垄断地位，呈现出前所未有、繁荣兴盛的局面，具体原因是，明清时期资本主义工商业萌芽并得到进一步发展，市民阶层日益壮大，他们的生活和思想要求能在文学中得到反映。所以，小说呈现出前所未有的繁荣兴盛局面。

这一时期我们有哪些著名的小说？请听音乐。

课件展示：《三国演义》《水浒传》《西游记》《红楼梦》片头曲

1. 请判断是哪一部作品？
2. 作者是谁？
3. 作品的大致内容？
4. 说一说其中的英雄人物。

《三国演义》是我国最早的一部长篇历史小说，书中刻画描写的人物各具性格，有大量历史事件展示，在教学的过程中要注意提醒学生历史事实与小说演义的区别。

《水浒传》的作者，至今没有定论，主要讲述了"官逼民反"的故事，揭示了当时的社会现实，挖掘农民起义的社会根源，深刻揭露封建社会的罪恶和黑暗。

《西游记》是我国古代浪漫主义的长篇神话小说，通过神与妖魔鬼怪斗争的故事，间接地反映正义与邪恶的斗争，表达作者对现实的不满和批判的愤懑之情。

教师补充：

《红楼梦》代表了我国古典长篇小说的最高成就，以贾宝玉、林黛玉的爱情悲剧为线索，拓展了广阔的社会背景，深刻剖析封建社会后期衰败的过程及原因，有力地揭示了封建社会必然走向灭亡的历史规律。

这部作品对后世影响很大，出现专门研究《红楼梦》的学术团体，读《红楼梦》成为一种时尚，以至于"开谈不说《红楼梦》，读尽诗书也枉然"。

【课后小结】依据板书总结这节课的内容。

【布置作业】唐诗、宋词、元曲、明清小说，是我国古典文学发展的高峰。现在请大家把不同时期的文学成就归纳成一张表。

【教学反思】本节课面对的是一群新的学生，实施的是新课堂教学模式，我采用男女分组对抗的形式进行，以市级公开课的方式呈现对我来说倍感责任之重。在上课的前几分钟学生不是特别活跃，但随着教学的往下进行，学生渐渐融入课堂中去，尽管在课堂中有一些小的瑕疵，但还是圆满地上完了本课。课后，参与听课的教师进行评课，指出了课中的不足之处。因此，在今后的教学中，要更加注意课前备课，提升自身能力和水平。

第九节 《百家争鸣》微课教学设计

授课教师		学科	历史
微课名称	《百家争鸣》	视频长度	5分10秒
知识点来源	部编教材七年级上第8课百家争鸣中第三小节"百家争鸣"的内容。		
知识点描述	分析百家争鸣的历史背景,了解主要流派及主要观点,认识百家争鸣对后世的影响		
预备知识	春秋时期老子、孔子的思想		
教学类型	讲授法		
适用对象	七年级学生		
设计思路	按照百家争鸣的历史背景、主要流派及主要观点、百家争鸣对后世的影响逐条讲解,让学生掌握百家争鸣的基础知识		
目标	(1)知道百家争鸣的含义;(2)了解百家争鸣的历史背景;(3)掌握诸子百家代表人物及主张;(4)知道百家争鸣的影响		
重点	诸子百家代表人物及主张		
难点	通俗讲解各位思想家的主张		
准备	PPT 录屏软件 耳麦		

续表

教学过程 （时间5分59秒）		画面内容	解说词	长度
一、片头	导入		同学们，大家好，刚才我们已经了解了大思想家，道家学派的创始人老子以及儒家学派的创始人孔子。在他们生活及之后的时期，是中国古代史上思想界比较活跃的第一个时期。说活跃，主要是针对这一时期出现的"百家争鸣"的现象而言。下面我们来学习"百家争鸣"的具体内容	29秒20
二、正文讲解	第一部分内容：一、百家争鸣的含义		百家争鸣中的"百家"是虚指，形容学派之多，是对先秦汉初各学派的总称。 "争鸣"，是指代表各阶级、阶层的学者和思想家，按照本阶级、阶层的利益诉求，对宇宙万物及社会进行解释，发表各自的见解	22秒19
	第二部分内容：二、百家争鸣产生的历史背景		春秋战国时期，社会急剧变化，各诸侯国林立纷争，学术界和学者获得相对充分的自由，经济有了极大的发展，封建经济的迅速兴起，为学术文化的繁荣，提供了物质条件。 各学派纷纷著书立说，发表见解，相互辩驳，形成了"百家争鸣"兴盛的局面	33秒

111

续表

教学过程 （时间5分59秒）		画面内容	解说词	长度
二、正文讲解	第三部分内容：三、诸子百家及其主张		1. "诸子"百家中的"子" "诸子"百家中的"子"是先秦时期的一种尊称。春秋时期，"子"用来尊称著名的学者和老师。到战国时期，"子"便成为对一般学者的尊称了	22秒 20
			2. "百家"指的是哪些学派 墨家、儒家、道家、法家及兵家等	14秒 18
			3. 代表人物及其主张 墨子是墨家学派的代表人物。主要思想观点：主张"非攻""兼爱"，希望人们能够互助互爱，反对恃强凌弱的侵略战争，反对以大欺小，支持正义的战争	18秒 12
			孟子是战国时期儒家学派的代表人物。主要思想观点：第一，提出"春秋无义战"，反对一切战争；第二，提倡"仁政"治国，主张轻徭薄赋；第三，主张尊重自然，不要过分捕捞鱼鳖，要按时令进山伐树	24秒 20
			荀子是战国时期儒家学派的另一个代表人物。主要思想观点：主张明确尊卑等级，实行"礼治"，以维系现有的社会秩序	15秒 12
			庄子是战国时期道家学派的代表人物。主要思想观点：强调统治者治国要顺应民心和自然，主张"无为而治"	13秒 29

续表

教学过程 （时间 5 分 59 秒）		画面内容	解说词	长度
二、正文讲解	第三部分内容：三、诸子百家及其主张		韩非子是战国时期法家学派的集大成者。主要思想观点：①主张改革，提倡法治，反对空谈仁义。②提出要建立君主专制中央集权的封建国家，这个观点深受秦国国君的赞同	23 秒 19
			孙武生于春秋末期，是兵家学派的创始人。主要思想观点："知彼知己，百战不殆"	15 秒 12
			孙膑是战国时期兵家学派的代表人物。主要思想观点：继承发展了孙武的军事思想，提出"战胜而强立，故天下服矣"	17 秒
	第四部分内容：四、百家争鸣的影响		百家争鸣有力地促进了学术和思想的繁荣，是我国古代第一次思想文化发展的高峰，为我国古代文化的发展奠定了坚实的基础，对后世产生重要而意义深远的影响	19 秒 24
三、结尾			百家争鸣的内容介绍完了，谢谢你的观看	6 秒 02

教学反思

优点：观看完本视频后，学生对中国传统文化有了深刻的理解和认识，情感得到升华，思想得到熏陶，特别是像儒家道家积极的思想让他们很有感触。中国两千多年以前出现百家争鸣是诸子百家在相互辩驳中形成，主要以儒、墨、法、道四派为代表，不仅对中国传统文化产生了深刻而又广泛的影响，而且对后世中国人的观念、习惯、心理、行为方式等产生了深远的影响。

不足：教材只是对百家争鸣时各学派观点的罗列，并没有具体介绍争鸣这一内容，因此，在课堂教学的过程当中如何给学生讲透争鸣这一内容是本节课的一大难点。但是，七年级学生思想还不够成熟，对很多东西的理解是抽象的，因此不能讲得过多过深。视频在制作过程中，有部分杂音。

总的来说，这节课的整体效果还可以。

第十节 《百日维新》微课教学设计

授课教师		学科	历史
微课名称	《百日维新》	视频长度	7分43秒
知识点来源	部编教材《历史》八年级上册第二单元第6课，戊戌变法内容中的第二小节百日维新		
知识点描述	了解百日维新的具体史实，认识戊戌变法对中国近代社会产生的深远影响		
预备知识	"公车上书"，拉开了维新变法运动的序幕。德国强占了胶州湾之后，西方列强掀起了一股瓜分中国的狂潮		
教学类型	讲授法		
适用对象	八年级学生		
设计思路	按照戊戌变法的背景、戊戌变法的内容、戊戌变法的结果以及分析戊戌变法失败的主要原因，总结历史教训，逐条讲解，让学生掌握百日维新的基础知识		
目标	①了解戊戌变法的历史背景；②掌握戊戌变法的主要内容；③知道戊戌变法的结果；④分析戊戌变法的影响		
重点	分析戊戌变法的主要内容		
难点	戊戌变法对近代社会的影响		
准备	PPT 录屏软件 耳麦		

续表

教学过程 （时间5分59秒）		画面内容	解说词	长度
一、 片头	导入		各位同学，大家好！欢迎走进历史微课堂。 今天，我们要学习的内容是，部编教材历史八年级上册，第二单元，第6课，戊戌变法内容中的第二小节"百日维新"。	20秒
二、 讲解 目标	展示 学习 目标		在学习之前，我们要做到心中有目标、学习有方向。这一小节的目标有四个方面，了解戊戌变法的背景，掌握戊戌变法的内容，知道戊戌变法的结果，分析戊戌变法的影响	10秒
三、 正文 讲解	第一部分 内容： 一、戊戌 变法的 背景		通过前面的学习，我们已经知道甲午中日战争中国战败，签订了丧权辱国的《马关条约》，消息传到北京后，正在参加会试的一千三百多名举人群情激奋，以康有为、梁启超为首的维新派，联合众多举人上书光绪皇帝，请求拒和、迁都、变法，这就是闻名中外的公车上书，由此拉开了维新变法运动的序幕。 到了1897年，德国强占了胶州湾，把山东变成了它的势力范围，之后，西方列强掀起了一股瓜分中国的狂潮。 接着，沙俄、法国、英国、日本、美国在中国肆意妄为，中国面临着亡国灭种的危机	

续表

教学过程 (时间5分59秒)	画面内容	解说词	长度
三、正文讲解	第一部分内容： 一、戊戌变法的背景	在这种情况下，康有为再次上书光绪帝，痛陈时局的危险和变法的紧迫性，呼吁变法救国，强调只有变法才能救中国。 当时，光绪帝虽然已经亲政，但实权仍然掌握在慈禧太后手中。光绪帝为了摆脱危机，挣脱慈禧太后的束缚夺取实权，接见了康有为，他表示"不甘作亡国之君"，决心变法。 1898年6月11日，光绪帝颁布"明定国是"诏书，向中外宣布了清政府变法维新的决心，标志着维新变法运动正式开始，因为这一年是农历的戊戌年，所以称"戊戌变法"。 下面请大家思考：光绪帝为什么支持变法？答案在这里。 1. 巩固封建统治，希望有所作为，不当亡国之君。 2. 通过变法从慈禧太后手中夺回最高统治权。 3. 爱国、保国，抵制列强的思想。 大家说对了吗	4分30秒
	第二部分内容： 二、戊戌变法的内容	我们将从政治、经济、军事、文化四个方面来讲述。 政治方面：允许官民上书言事，改订律法，澄清吏治； 经济方面：奖励实业，改革财政； 军事方面：编练新军，改习洋操； 文化方面：设立学堂和译书局，准许创办报馆、学会等设立。 请大家用笔在书上勾画出来，课后思考各项变法的利弊，上课时间我们进行分组讨论	1分

117

续表

教学过程 （时间5分59秒）		画面内容	解说词	长度
三、 正文 讲解	第三部分 内容： 三、戊戌 变法的 结果		变法的各项内容已经明了，结果怎样呢？很遗憾，失败了。怎样失败的呢？我们从两个方面谈谈，第一个问题，戊戌政变；第二个问题，分析戊戌变法失败的原因并总结历史教训。 随着新政的实行，大大侵犯了以慈禧太后为首的顽固派利益，顽固派掌握实权，破坏和阻挠变法法令的贯彻执行。 9月21日，慈禧太后发动政变，把光绪帝囚禁在瀛台，维新派人士遭到逮捕，变法诏令被废除，史称"戊戌政变"。 轰轰烈烈的维新变法戛然而止。因为变法只持续了一百零三天，所以把这次变法称为"百日维新"。 变法的主要领导人康有为逃亡香港，梁启超逃进日本公使馆，谭嗣同本可以出逃，但他发誓要做一名殉道者。宣称：各国变法，无不从流血而成，今中国未闻有因变法而流血者。此国之所以不昌也，有之，请自嗣同始。充分表现了他为改革而勇于牺牲的精神。 之后，他被捕。另外还有数十人被捕，其中谭嗣同、杨深秀、杨锐、康广仁、刘光第、林旭六人于9月28日被斩于菜市口，史称"戊戌六君子"。 鲁迅先生说：我们从古以来，就有埋头苦干的人，就有拼命硬干的人，就有为民请命的人，就有舍身求法的人，这就是中国的脊梁。 "戊戌六君子"舍身求法的精神，正是中国的脊梁。 不久，支持改革的官员或被革职或被流放，所有新政除京师大学堂保留下来外，其余全部被废除，一场轰轰烈烈的改良运动就这样失败了	1分

续表

教学过程 （时间5分59秒）	画面内容	解说词	长度
三、正文讲解	第三部分内容： 三、戊戌变法的结果	那么，是什么样的原因导致了这场运动的失败？下面我们用三个材料对戊戌变法的原因进行分析。 第一个材料……由这个材料我们可以看出以慈禧太后为首的顽固派的势力强大； 第二个材料……光绪帝没有实权； 第三个材料……没有人民群众的支持。这就是戊戌变法失败的原因，戊戌变法的失败给我们以深刻的历史教训：资本主义的改良主义道路在中国行不通	23秒
	第四部分内容： 四、戊戌变法的影响	变法只进行了一百零三天，在历史的长河中，只不过是沧海一粟，但是它却引领着时代的潮流，表现出强烈的爱国主义精神和民族意识，有着深刻的历史意义。我们从两个方面理解：在社会上起了思想启蒙的作用，在思想文化方面产生了广泛而持久的影响，对后来的资产阶级革命产生了深远的影响	20秒
四、结尾	谢谢观看！	百日维新的内容介绍完了，谢谢你的观看	5秒

教学反思

优点：

1. 本微课开门见山展示学习目标，从戊戌变法的背景、内容、结果、影响四个方面来叙述，让对本小节要掌握的知识有了基本框架。

2. 在背景方面突出了对民族危机加深的叙述，为理解百日维新的爱国性、进步性做铺垫。在逐项分析变法诏令的基础上既加深了对内容的强调，又理解了变法的性质和它爱国、进步的历史意义。

3. 微课制作采用多媒体的互动功能，比较新颖，能够吸引学生的兴趣。

不足：

教材在介绍戊戌变法影响方面，只是寥寥几笔，在讲解时间没有过多地补充，学生在理解戊戌变法的影响时有一定的难度。

总之，这节课知识结构完整，录制音频效果好，整体效果不错。

第十一节 《电的应用》微课教学设计

授课教师		学科	历史
微课名称	《电的应用》	视频长度	6分58秒
知识点来源	部编教材《历史》九年级下册第二单元第5课，第二次工业革命内容中的第一小节"电的应用"		
知识点描述	主要介绍了人类对电的认识及利用过程，让学生理解电作为新能源登上人类生活舞台的基本概况		
预备知识	第一次工业革命，第二次工业革命		
教学类型	讲授法		
适用对象	九年级学生		
设计思路	首先介绍人类对电的认识，其次了解西方科学家对电的探索及利用，最后介绍发明家爱迪生，然后过渡交代学习下一节的内容		
目标	学生掌握人类对电的发现及利用过程的有关知识点		
重点	电的发现过程，电器的发明		
难点	对电磁感应原理概念的理解		
准备	PPT 录屏软件 耳麦		

续表

教学过程 （时间5分59秒）		画面内容	解说词	长度
一、 片头	导入		各位同学，大家好！今天，我们要学习的内容是，部编教材历史九年级下册第二单元第5课，第二次工业革命内容中的第一小节"电的应用"	17秒
二、 复习 导入	复习 旧知识 导入 新知识		在上新课之前，我们先看一张表。在图表中，把两次工业革命的情况进行了一番比较，相对于第一次工业革命，第二次工业革命很好地把科学研究同工业生产紧密结合起来，科学研究与工业生产使第二次工业革命取得了巨大的成就，人类社会由"蒸汽时代"进入"电气时代"。 第二次工业革命以电力的广泛使用作为标志。电这种奇妙的东西是怎样被发现和应用的呢？接下来，就请大家通过下面的学习来了解	10秒
三、 正文 讲解	第一部分 内容： 一、人类 对电的 认识		请同学们上网查阅资料。自然界、生活中有哪些电现象？请大家看一段视频。 这是自然界中的闪电、雷电，我们人类对"电"的认识最初就是从天空中的"闪电"获得的；这是一种带电的生物，名字叫电鳗； 我们生活中有摩擦产生电、人体的静电等。 那么，我们人类是怎样发现电是一种可以利用的能量的呢？ 为此，科学家们对电进行了探索，在这方面西方的科学家们贡献最大	2分 30秒

续表

教学过程 （时间5分59秒）		画面内容	解说词	长度
三、正文讲解	第二部分内容：二、西方科学家对电的探索		1732年，美国科学家富兰克林发表自己的观点：认为电是一种没有重量的流体，存在于所有物体中。为此，富兰克林进行了著名的风筝实验，证明了空中的闪电与地面上的电是同一回事。根据这个原理，他发明了避雷针。并用电线接地，这是电线的首次实用化。 1831年，英国科学家法拉第发现了电磁感应现象，揭示了创制发电机的原理。 法拉第是近代电磁学的奠基人，他的发现为电的应用开拓了广阔的道路。 后来，人们根据这一现象发明了早期的电动机和发电机。到19世纪70年代，发电机经过不断完善进入生产领域，电力能够作为动力开始带动机器运行。 第二次工业革命是人类历史上前所未有的"发明时代"，各种发明和创造如雨后春笋般涌现，在电器的发明和应用方面，一大批科学家做出了卓越的贡献，其中美国科学家爱迪生最为突出，被称为"发明大王"	1分

123

续表

教学过程 （时间5分59秒）		画面内容	解说词	长度
三、正文讲解	第三部分内容：三、发明家爱迪生		爱迪生在童年时只受过几个月的正规教育，但他勤奋好学，极具想象力，善于将最新的科学发明运用到自己的发明中，是电气时代最伟大的发明家，他的一生拥有2000多项发明，1093项专利，创造了发明专利数的世界纪录。他的发明主要有电影摄影机、碱性蓄电池、耐用的白炽灯泡、放映机等。同时，他还在美国纽约建立了美国第一座火力发电站。发电站为电灯提供了能源，促进了电灯的广泛使用。面对如此巨大的成就，爱迪生是怎样做到的呢？请阅读下列材料，探寻他成功的"秘诀"。从材料中我们可以看到：为了科学研究，爱迪生身上有一种锲而不舍、不怕失败、对事情喜欢刨根问底、喜欢自己动手操作、刻苦钻研的学习和创新精神，这种精神值得我们大家学习。这也是他成功的"秘诀"，正如他常说："天才是百分之一的灵感再加上百分之九十九的汗水"	1分30秒
			继爱迪生之后，在各国发明家的共同努力下，各种发明纷纷出现，人类社会进入了"电气时代"。电力的广泛应用，推动了生产技术领域发生持久、深刻的结构性改革。下一小节，我们将讲述应用技术领域的另一重大成就，内燃机的发明和新的交通工具	1分25秒

续表

教学过程 （时间 5 分 59 秒）	画面内容	解说词	长度
四、结尾		今天的学习就到这里，感谢大家观看	6 秒

教学反思

优点：

1. 本微课通过复习旧知识引入新知识，开门见山介绍学习的知识内容，让学生对本小节要掌握的知识有了基本框架。

2. 本微课用了一段视频、生动的图片和文字说明，向学生介绍了电的发现及利用过程，以及发明家爱迪生的发明和他对科学知识不懈追求的执着精神，形象直观便于理解，达到了预期效果。

3. 微课制作采用多媒体的互动功能，比较新颖，能够吸引学生的兴趣。

不足：

在西方科学家对电的探索方面，为了不超出课本知识范围和学生理解程度，介绍得比较简单粗略，今后在这方面还需找到恰当的切入点进行调整和改进。

第十二节 《巩固统一的措施》微课教学设计

授课教师姓名		学科	初中历史
微课名称	《巩固统一的措施》	视频长度	5分
知识点来源	部编版七年级《历史》上册 第9课《秦的统一》		
知识点描述	巩固统一的措施		
教学类型	讲授型　启发型　问答型		
教学目标	1. 通过阅读史料，归纳概括秦巩固统一的措施，培养学生史料证实的学科素养。 2. 充分利用多媒体直观教学手段，培养学生的观察力、想象力		
教学重难点	教学重点：对秦始皇巩固统一的措施进行了解。 教学难点：能够区分秦始皇在不同方面的统一措施		
适用对象	七年级学生		
设计思路	本微课设计为三个部分：一、视频导入秦始皇统一六国；二、故事讲述秦始皇遇到的问题；三、总结秦始皇巩固统一的措施		

续表

教学过程		
	内容	时间
片头 (15秒)	亲爱的同学们，欢迎来到今天的课堂。今天，让我们一起聊一聊第一位统一中国的英雄人物，他就是——秦始皇。我们来看一段短片。(49秒) 视频中展示了秦国统一六国的过程。 李白的《古风》中说道：秦王扫六合，虎视何雄哉！那么，秦始皇统一六国后就可以安枕无忧了吗？我们一起来看一段故事	15秒
正文讲解 (4分30秒)	第一部分内容：秦始皇遇到的问题 请你想一想：故事中秦始皇在巡游过程中都遇到了哪些困难？ 秦始皇统一六国建立秦朝后，他决定一定要好好游览一下自己打下的大好河山。于是他就带着随从，一路向东出发了。可是队伍没走几天就停下了。他下马车了解状况。侍从告诉他说到了原属韩国的领地了，车轨不一样宽，马车无法前行了。于是秦始皇下道诏书，让整改车轨。队伍换了马车继续前行，不知不觉秦始皇有了饥饿感，于是差人去购买5斤小米，可过了半天，那人却两手空空地回来了，哭丧着脸说："人家根本就不认咱这钱！"秦始皇很愤怒，另派一名体格健硕的人去买。过了一会儿，小米是买回来了，但这5斤还不如咸阳的3斤多……一路上的波折，让秦始皇丧失了游山玩水的雅兴，于是队伍沿原路返回。到了原属韩国的领地时，秦始皇发现车轨并没有整改，他召来当地郡守问责。郡守战战兢兢地回答说："启禀皇上，并不是我们敢抗旨，而是因为诏书上的字我们实在是不认识啊！"这让秦始皇竟无言以对…… 故事结束，你有没有找到秦始皇遇到的问题？如果你是他，你会如何解决这些问题？ 是的，驱车到韩国的领地马车无法前行，他遇到了车轨不统一的问题；派人去买小米却购买失败，遇到了货币不统一的问题；5斤小米最终变成3斤小米，遇到了度量衡不统一的问题；责令整改的郡守不认识诏书的字，遇到了文字不统一的问题。那么，能解决这些问题的方法是什么呢？就是，将这些变为统一。那么，秦始皇采取了哪些措施呢？	2分30秒

127

续表

	内容	时间
正文讲解 （4分30秒）	第二部分内容：秦始皇统一的措施 问题一：交通方面，车轨不统一 解决方法：修筑贯通全国的道路，把车辆和道路的宽窄统一，使秦朝有着四通八达的陆路交通。 问题二：经济方面，货币不统一 解决方法：废除秦统一前六国各自使用的货币，在全国统一使用秦国的圆形方孔半两钱，把圆形方孔半两钱作为标准货币流通。 问题三：经济方面，度量衡不统一 解决方法：统一度量衡制度，秦始皇规定以秦制为基础，所有度量衡用器由国家统一监制。度量衡的统一，便利了经济的发展。 问题四：文化方面，文字不统一 （展示小篆图片） 解决方法：规定使用笔画规整的小篆，作为通用文字颁行全国，统一了文字。 秦始皇解决了这些问题后原本以为终于可以睡个安稳觉了，可问题又来了，北方的少数民族匈奴不断南下骚扰。为了抵御匈奴的进攻，秦始皇将战国时期的旧长城加以修葺，将其连为一体，西起临洮东至辽东，这就是著名的万里长城	4分
	第三部分内容：当堂总结 最后，让我们一起总结秦始皇分别从哪些方面颁布了巩固国家统一的措施。 交通方面，统一了全国车辆和道路的宽窄，还修筑畅通全国的道路，使秦朝有四通八达的陆路交通。经济方面，废除在秦统一以前六国的货币，允许在全国流通的标准货币是秦国的圆形方孔半两钱，统一了全国的度量衡，促进了经济的交流与发展。文化方面，把笔画规整的小篆，作为统一的通用文字颁行全国。 军事方面，统一岭南及东南沿海地区，开凿灵渠。为防范匈奴侵扰派遣大将蒙恬北击匈奴，修筑长城。 通过本课学习，我们了解到秦始皇统一六国后采取的巩固国家统一的措施，这些措施对我国历史的发展影响深远，对我国多民族国家的形成有着重要的作用	1分30秒

续表

	内容	时间
结尾（30秒）	希望今天的小课堂能给大家启示！谢谢大家	15秒

教学反思

巩固统一的措施是部编教材七年级《历史》，第三单元第9课秦统一中国内容中的最后一小节的内容，是本课的重点也是难点，为突出重点突破难点，让学生学得条理清晰又印象深刻，我是这样做的。

1. 视频导入秦始皇统一六国，通过故事引入，讲述了秦统一六国，在军事上、政治上虽然加强统一国家的巩固，但在经济、文化方面的不统一对经济、文化的交流还极为不便，更对统一国家的发展极为不利，严重影响了国家统一的巩固。开门见山，直接引入，让学生明确目标。

2. 七年级学生处于认知的初始阶段，理性思维能力有待开发和培养，通过学习能够逐步地掌握历史的学习方法，梳理历史线索，弄清历史大事以及评价相关的历史人物和历史事件。因此，对于本课的学习，我采用依托史料、图片和视频等资料，技术手段上多用动画，让学生有感性直观的认识。

3. 学习历史不仅仅是为了掌握知识，更主要的是我们可以从历史中借鉴很多经验和教训，更好地为现实服务，理论的内容比较生硬需要故事来加持，帮助学生理解。因此，本课采用讲故事的方式突破难点，让学生容易理解。

4. 历史学科本身就有许多批判性能力培养的机会。比如，史料论证的问答题，本节课更多的是通过故事了解秦始皇的做法，但是相对简单也容易理解，之后的课程中将会要求学生对史料片段进行解析。学生在学习的过程中，能够培养"大胆地猜测，科学地论证"的思考方法。

5. 整体而言，为了让学生可以学得条理清晰又印象深刻，我收集了大量的图片和故事，采用动画的技术手段。在材料的收集、制作整合方面我还是很用心的。但有两点缺憾，一是没能检测出学生的学习效果，如果能在视频后马上练习及时反馈的话效果会更好；二是在最后，对巩固统一的措施的作用，再做一个强调分析，学生会更加清楚巩固统一的措施的进步作用对后世的深远影响。

第三篇 03
课题研究

第一节 初中历史与社会学科"图片史料教学"的实践研究

课题申报书
铜仁市基础教育课题 编号 2013sj057

一、本课题研究的实际意义和理论意义

新课程的初中历史与社会课教材较好地贯彻了"史由证来，论从史出"的理念。历史是以史实为证的，也就是说要以证据来说话，所谓的证据也包括文物证据。在铜仁市现实教学环境中，初中历史教学中展示文物的最好方式，就是展示图片。因此，图片史料在初中历史教学中，是教材的主体内容之一，不单单是辅助性的，图片史料成为教学的重要资料，不是可有可无的辅助资料。初中历史教材配备了不少的图片史料，做到了图文并存，但是由于教材编写的厚度有限，文字仍然是教材的主体，教师的教学主要停留在对教材文字的解读，图片史料的功能主要是为文字做补充，背后真正的教学价值没有完全挖掘出来。然而，在常规教学过程中，我们发现初中学生由于生活和社会经验都不足，对历史的了解也是抽象的，不仅历史的形象思维不强、对历史知识的掌握也较为薄弱，对历史画面的感悟也不深刻，特别是面对历史文物缺乏想象空间。对抽象的历史兴趣不浓，反而对具有较强视觉冲击的历史图片感兴趣，如果教师能够在教学中，将图片史料当成教学的材料，然后加上一定的文字表述，通过层层剖析的方式把历史的真相展现给学生，这样就可以使历史课堂的教学内容更加丰富，课堂参与度和学生的兴趣就会提升。

因此，我们提出初中历史与社会学科"图片史料教学"的实践研究课题，主要目的是研究图片史料如何在课堂教学中运用能更好地落实三维教学目标。

其一，教师在课堂教学中，把图片史料当成教学的材料，然后配上一定的文字来表述，把历史真实的一面展示给学生，真正做到图文并茂而非图文并存地理解历史知识。

其二，在课程改革进一步推行的背景下，开阔学生的学习思维和视野，是初中历史教师教学的基本目标之一。给人强烈视觉冲击的图片史料，能将某一历史事物凝固下来，方便学生的想象与思考。在初中历史教学中运用图片史料进行课堂教学，一是给学生带来了视觉上的冲击和享受；二是能够通过视觉的享受进一步拓展思维。因为图片史料没有文字表达直接，要从图片史料中找到历史，就要通过思考和观察，需要学生把图片史料与文字表述、历史知识结合起来，才能读懂图片史料的历史，才能进一步拓展学生的思维，提高学生观察和思考问题的能力，开阔学生的历史视野。

其三，基于初中生年龄层特点，学生情感奔放、活泼热情，充分利用图片可以调动其内在情感，从而培养其正确的价值观取向、激发民族自豪感与对历史的崇敬之情。基于这样的目的，我们的研究将侧重于课堂组织形式及策略方法的研究，更好地让图片史料服务于历史与社会课堂。

二、本课题的基本内容预计突破的难题

1. 锻炼学生识读和运用地图的能力。

2. 历史与社会学科图片探究教学的课堂组织形式的研究。

3. 学生在历史与社会学科课堂上通过图片探究方式进行学习历史与社会知识的策略和方法研究。

三、本课题的研究思路和方法

1. 制订课题研究方案

课题研究工作开始前，制定《"初中历史与社会学科'图片史料教学'的实践研究"实施方案》，课题小组成员必须认真学习、统一认识、明确要求，有计划地开展研究工作。

2. 组建课题研究小组

在教研组内寻找有意向参与研究的教师组建课题研究小组，形成教研与科研相结合的方式，更好地落实于历史与社会课堂。

3. 加强新课程实施中图片探究教学的理论研究学习

组织课题小组成员共同通过文献研究，比较新课程与传统课程中图片探究的不同要求，探索新课程背景下图片探究教学的内涵，提炼、概括出与实施新课程相匹配、相一致的图片探究式教学的策略与方法，进而更好地开展我们的课题研究。

4. 重视教学实践，讲究科研实效

在教学实践中，边实践边反思边总结，及时调整思路方法，力求使教学方式、教学思想在实践中得到印证，并收到预期的效果。

四、本课题的研究方案

1. 启动准备阶段（2013 年 5—7 月）

（1）组建课题组，落实人员分工，制订研究计划。

（2）制订实施方案。

2. 课题研究行动阶段（2013 年 9 月至 2015 年 4 月）

（1）按制订的课题方案开展研究，创设不同方式，利用图片进行探究式教学。

（2）研究落实课堂中图片探究教学方式及有效性的策略和操作方法，重视过程性资料的积累和整理，及时总结和交流。

（3）收集有关资料，写出阶段小结，完成相关的视频案例分析。

3. 课题研究总结阶段（2015 年 4—5 月）

整理研究结果，形成总结性报告。

4. 延期阶段：2017 年 6—11 月。

继续研究，补充研究材料。

五、本课题研究的成果预计及使用范围

能提升我市历史与社会教师的执教水平、教研能力，追求一种更有效的课堂教学模式；帮助学生掌握科学的学习方法，提高学生的思维能力，从而更好地推进素质教育。

1. 初步形成"初中历史图片史料探究式课堂教学模式"。

2. 能运用图片探究方法，有效提高学生学习历史学科的效率。

使用范围：本市已普及历史新课程的初级中学。

课题开题报告

各位老师：

我校历史组申请的课题《初中历史与社会学科"图片史料教学"的实践研究》通过了县教育局和市教育局的立项批准，这是我校历史组第一个获得市级立项的课题。

一、课题提出的背景及所要解决的问题

历史教学中使用的各种图片资料不仅是教科书的辅助材料，而且是实用性极强的直观教材。利用好图片史料教学，能够培养学生对历史的学习兴趣，培养学生自主探究学习的能力，帮助教师突破难点突出教学重点，能够取得事半功倍的教学效果。

二、课题概念界定与支撑性理论

历史课本中的图片史料是历史教学的一个重要抓手。作为一种直观的材料，是中学课本中的有机组成部分，能够生动地再现历史的本来面目，对教科书内容进行补充和说明，有着不可忽视的辅导作用。历史有着过去性的特点，历史教师在课堂上是无法使过去的史实重演，而学生的认识，大都从感性认识开始，历史课本图片史料能让学生记忆形象深刻，对抽象的概念等问题容易理解。

支撑性理论：有效教学理论，源于20世纪上半叶西方的教学科学化运动，有效教学理论的核心是教学的最大效益。

1. 有效教学理论关注学生的进步及发展。
2. 有效教学理论关注教学的效益，要求教师要有时间与效益的观念。

3. 有效教学理论需要教师具备一定的反思能力，经常反思自己的日常教育教学行为。

4. 有效教学理论是一套策略，需要教师掌握有关的策略性知识，便于自己面对具体的教学情景做出准确的决策。

三、研究目标及研究方法

1. 了解和掌握在教学过程中图片史料对提高有效教学的基本点。

2. 通过研究，探索出结合校情和生情的初中历史课堂"图片史料教学"的基本模式。

四、有效教学的方法和途径

本课题的研究以行动研究为主，积极探索课本图片史料的有效课堂教学操作策略以及课堂教学的模式。在研究中，还辅之以对比研究、文献借鉴、调查研究和经验总结法，确保本课题能够高效地实施。

研究过程设计（准备、实施和总结三个阶段及研究安排）

（一）做好课题实施的准备工作

2013年6月，确立了课题，初步明确课题研究的意义、目的、技术手段及研究内容等，制订了切实可行的研究方案，定期学习图片史料相关理论、研讨应对课题实施过程中产生的问题，确保能够根据实际情况调整课题教学实验，不定期地向县市教育教学专家咨询，请专家具体指导研究工作。

（二）开展历史有效教学的实践与研究

课题初中历史与社会学科"图片史料教学"的实践研究是建立在新课程背景下的课题研究，将学习的能动性和科学性作为激活学生学习的内在因素，探索学生在历史知识与技能、过程与方法、情感态度和价值观方面的进步和发展历史课堂教学策略。课题的研究是以学生的独立思考能力、动手能力及学习能力等多方面的发展为教学目标，关注历史教师课堂能否维持和促进学生的学习。

五、预期研究成果

学生对历史的学习兴趣进一步提高，学生掌握历史图片在历史学习中的一些方法和技能。教师方面通过研究理论水平有进一步的提高，研究的问题深度有进一步的加深。

第一阶段研究计划

一、课题研究对象

本校学生。

二、课题研究思路

1. 理论学习：通过查阅资料学习，阅读专著或教学杂志，学习专家或前辈有关"图片史料教学"的教学理念。

2. 撰写教学案例及阶段总结。对采用"图片史料教学"的实施情况做出反思、总结、评价、改进。

3. 反复实践—反思—改进—实践—反思—改进。

三、具体活动安排

2013年5—10月

1. 学习课题相关理论，收集有关"图片史料教学"的策略与实践研究等方面的实验报告、交流论文、学术论著等资料，及时做好笔记并进行组内交流。通过学习，老师们进一步明确课题研究的价值和重要意义，能够做到用理论来支撑课题的研究工作。

2. 继续教师课堂教学，结合学生实际精心备课，积极开展"图片史料教学"的教学设计研究。

（1）开展对学生学情、教师教情的研究。

（2）开展"图片史料教学"自主学习与洋思教学法的教学方式的研究。

（3）根据学生的学习情况，研究如何有效地开展"图片史料教学"教学活动。

2013年11月—2014年3月：

整理、反思前一阶段研究中出现的问题，研究所取得的成绩，形成课题的文字性资料，提升教师自身的专业水平，集体备课一次，并撰写好教学设计、写好教育日记、教学案例等。

2014年4—5月：

上一节有关"图片史料教学"的教学研讨课。

2014年6—7月：

1. 加强平时研究成果的积累，认真做好阶段性分析总结。

2. 积极参加教学设计、课件、优质课的评比活动。

3. 理论联系实际，积极撰写相关论文。

第一阶段研究总结

一、课题进展情况（立项以来所做的主要工作）

自从 2013 年 5 月开题以来，到现在已经一个学年，在这里做一个总结。课题组成员坚持"虚心求教、务实进取、勇于创新"的工作态度，按照要求做好课题的各项工作，力求做到扎实、有序，课题具体进展的情况如下。

1. 做好调查工作，做到有的放矢。对所在学校的学生和教师对"史料图片"的重视程度和利用效果进行调查，从而为下一步该课题的研究指明方向，努力做到在教学的过程中，教师和学生都能充分注意到"史料图片"的重要性。

2. 积极参加学校的各项教研活动，在集体中提升自己的教学业务。积极参加学校和教研室组织的公开课，广泛听取其他教师和学生的意见和建议。积极参加集体备课，主动同其他教师进行教育教学交流，在合作中提升自身的素质。

3. 加强必要的理论学习，提高自身的人文素养。教研课题的开展必须有一定的教育教学理论做先导。学习基本的理论同教研课相结合，才能充分理解理论的内涵，同时也是对理论的充实和发展。

4. 做好课题的总结工作，撰写阶段性的教学案例和读书笔记。课题开展了就必须要落到实处，在研究工作中，撰写案例和随笔，做好总结，同时也是课题研究的经验和成果，利于自身经验的增加和总结，也可为别人研究该方面的课题提供帮助。

5. 积极参加课题组开展的各项活动，及时完成课题研究工作。对课题规划组和教研室开展的各项活动积极参加，要求完成的任务在规定的时间内圆满完成，期待在2015年6月顺利结题。

二、取得的阶段性成果

通过一个学年对该课题的研究，在理论和实践方面取得了一些成果。

1. 在研究过程中我们撰写了一篇《历史课"史料图片"使用情况的调查报告》、两篇教学案例《他山之石，可以攻玉》和《漫画史料让历史教学异彩纷呈》、两篇读书笔记《关注"图片史料"细节，为历史教学"锦上添花"》等文章，这些是在课题研究的实践中总结的。撰写文章，善于总结，有利于课题的开展，同时也有利于自身业务水平的提高，更有利于教学实践。

2. 该课题的开展，有利于树立崭新的教育观念。在课题开展的过程中，我们积极主动地学习新课程理论知识，深刻理解新课程理念的内涵，在平时的教学中充分发挥学生的主体地位，有效利用"图片史料"调动学生学习历史的积极性，提高学生的问题探究能力和历史思维能力。真正落实新课程理念。

3. 实践新理念，科研和教学成果取得了斐然成绩。课题的研究是第一步，重要的是运用于实践。通过一个学期的调研和实践，我们所带的班级学生能够认识到"图片史料"的重要性和必要性，能够充分利用现有的史料解决历史问题。

三、课题研究中存在的问题或不足

课题组成员多数是第一次进行课题研究，很多的做法不够成熟，存在一些问题和不足。总结如下。

1. 选择的"图片史料"，本身选取的是比较偏的方面，真正实行起来有一定难度。比如，研究本课题是让更多的学生和教师重视"史料图片"

的价值，而实际所能影响的只是本班的学生，对彼此想法并不十分认可，所以，该项活动不能在更广的范围内推广，导致本课题的影响力受限。

2. 理想和现实之间有一定差距，真正落实的过程中往往不能具体问题具体分析，导致研究有些僵化。例如，在使用"漫画史料"教学过程中学生往往更多关注的是漫画的乐趣，忽视漫画所包含的内涵，失去了史料应该带来的效果。

3. 在研究的过程中，我们深刻认识到自身理论知识层面明显匮乏、实践经验的严重不足。在撰写文章时，不能较好地把理论同实践相结合，文章的质量有待提升，课题研究的深度和广度有待加强。

四、下阶段研究计划及确保最终成果的主要措施

为了下一步课题顺利地开展和自身业务水平与素质的提高，树立了如下目标和努力方向。

1. 积极向教育专家和其他教师请教和学习，不断提高自己的业务素质。所谓专家，都是"术业有专攻"的人，应该从他们身上汲取精华。只有同其他教师积极合作与探究，才能不断提高教学水平。

2. 对过去课题研究中存在的不足，及时调整和改正，保证调整研究的方向的正确性。在研究的过程中应不断反思、总结，做到务实进取、锐意创新，保证课题研究的科学性和价值性，使课题研究向纵深发展。

3. 切实转变教学方式和教学理念，充分利用现代化的教学手段，提高教学效果。课题研究的最终目标：提高学生学习历史的兴趣和提高历史解题与思考能力。所以在研究的过程中，能够大胆地尝试到教学中去，以便更好提高学生的历史水平。

4. 树立终身学习的理念，不断提高自身的文化素养。积极阅读专家的史学著作，认识教学中的理论内涵。如梁启超的《中国历史研究法》系统地介绍了中国历史研究的方向和方法。只有不断提高理论水平，才会使教学行为找到先进的理论依据，从而更好地指导教学。

第二阶段研究计划

一、研究目的

1. 从课堂的有效性理念出发，为"图片史料教学"行为的有效性提供有效的建议。

2. 通过实践研究，力争培养出观念新、业务强、教学能力强的历史骨干教师。

二、本阶段解决的主要问题

1. 重视课堂交流，提高学生兴趣。

2. 对"图片史料教学"的有效运用的研究。

3. 对"图片史料教学"的教学提高的研究。

三、本阶段活动安排

9月：

1. 召开课题组工作会议，对上期的研究进行总结，对本阶段工作进行部署。

2. 自觉阅读有关报纸杂志上或专著与本课题相关的文章。

10—11月：

1. 召开课题组工作会议，安排集体备课事宜。

2. 周忠用上一节研讨课。

3. 组内成员互相听课，交流。

4. 各成员完成1~2篇教学反思或教学设计。

12月：

1. 田俊兰上一节研讨课。

2. 对本阶段研究的主要问题进行反思。

3. 各成员完成1~2篇教学反思或教学设计。撰写教学论文。

2015年3—5月：

1. 杨玉英上一节研讨课。

2. 收集成员资料，分类整理，撰写结题报告。

第二阶段总结

一、课题研究进展情况

此阶段为实验的主要阶段，收集资料，研究教学全过程，做好教学策略的调整，撰写教育日志和教学论文，具体做了以下几方面的事情。

1. 开展相关的"图片史料教学"理论研究，收集实践中的资料数据。

2. 观摩研讨，总结摸索各种"图片史料教学"的模式及途径，通过不断地教学反思，调整并完善课堂教学模式。

3. 课题组成员不断加强理论学习，定期召开课题组成员会议，对课题进行阶段性小结，撰写阶段性实验报告和教学论文。

其中，重点工作是探讨在新课改背景下历史教学有效使用不同类型历史图片的策略和方法。在日常教学中，我们尝试针对不同类型的图片使用不同的教学策略，具体说来有以下几种。

1. 历史地图，常用来反映历史疆域的沿革与变化、战争的过程、中外经济文化交流等内容。在讲述《对外开放的扩大》一课时，田薇丽老师尝试引导学生对中国对外开放的地图使用"观察—提取—评价"的方法来分析中国对外开放的过程和特点。

2. 漫画历史，是一种用简单而夸张的手法描绘史实或历史人物的图画，通过诙谐幽默的画面，来取得讽刺或歌颂的效果，是一种学生喜闻乐见的历史表现形式。在讲述美苏冷战期间的关系时田俊兰老师尝试使用《赫鲁晓夫和美国总统肯尼迪的较量》这幅漫画来诠释美苏之间的关系。

3. 照片，是一种凝固的历史，是一种形象的历史，恰当使用照片，可以活跃课堂气氛，可以真实地重现历史。在讲授对外开放的影响时，周忠用老师尝试展示了三组同一个地方不同历史时期所拍摄的照片来解释对外开放给中国带来的影响。

4. 文物图片，是记载历史知识的一种重要的表现形式和载体。在讲述《新文化运动》这一课时，杨玉英老师尝试以油画《北大钟声》为线索讲解新文化运动的有关内容。从油画中的人物、服饰、表情、手里拿的书籍图片可以分别总结出新文化运动的代表人物、主要内容、主要阵地。从油画的别名《宽容》可以进一步分析出北大的办学方针为兼容并包、思想自由。在教学中使用历史图片，教师应该引导学生观察图片的细节，针对细节提出明确的问题，让学生分析问题，得出自己的结论，教师再给予必要的总结、提炼和升华。

我们认为，历史教学中使用图片史料应该注意以下原则。

第一，课堂教学时间有限，教师应该精选有针对性的图片，突出教学的重点难点、不可过量使用图片，要让图片为课本的正文做出解释和补充，为教学的内容服务。

第二，初中生年龄较小，教师课堂中使用的图片应该符合学生的认知层次和接受能力。同时通过引导学生观察图片，提取有效的历史信息，培养学生理解、分析、总结问题的能力。

第三，教师使用图片时要注意讲究科学准确，绝不能主观臆测、任意发挥，违反科学规律和历史的真实性。要在备课的时候弄清楚图片所反映的历史问题的来龙去脉，讲述的时候注意用词的准确性。

二、课题研究成效

1. 形成了初步的经验，参与的教师理论水平和上课水平都得到了提升。多数教师都发表了论文，有的还在主管部门组织的论文评比中获奖。

2. 大多数学生掌握了"图片史料教学"学习方法，自主学习能力得到提高。

三、课题研究存在的问题

1. 课题研究还停留在比较浅显的层次，只是一些教学经验的总结，没有形成完整的使用历史图片的体系。

2. 教师的理论水平还有待提高，归纳总结问题的能力还有待增强，再加上教师课题研究的实际经验不足，课题研究的广度和深度需要进一步加强。

结题申报书

我校申报的课题《初中历史与社会学科"图片史料教学"的实践研究》2013年立项为铜仁市基础教育科学研究、教育教学一般课题，研究周期为两年。该课题展开研究以来，课题组全体成员坚持以新课程改革理论为指导，有计划地开展研究，积极探索"图片史料教学"的教学方法。但课题组成员在前期做了大量工作以后，没有潜下心来认真研究，导致该课题停滞不前而草草结题。经过课题专家指导，我们又进行了半年多的研究，现将该课题研究的主要工作汇报如下。

一、课题的准备和研究情况

长期以来，我校的历史教学过程中出现了一系列问题，学生都轻视历史课的学习，历史课教学效果很差，如何提高学生的学习兴趣和初中历史课堂教学的有效性，成为我们面临的重大课题。《初中历史与社会学科"图片史料教学"的实践研究》在学校教务处和教科处主持下，经过历史备课组的共同努力，完成了课题申请。研究课题确立后，我们立即建立健全了组织机构。课题领导小组由教务处主任田俊兰任组长并任研究小组组长，杨再勇任领导小组副组长，周忠用等教师为研究成员。聘请了松桃教育局教研室主任石爱芝为课题研究顾问。要求每个研究成员必须阅读历史教育教学专著，为研究做好理论准备。

二、研究的主要过程和活动

1. 及时召开"开题报告会"

2013年10月13日，我校市级课题《初中历史与社会学科"图片史料教学"的实践研究》在学校四楼会议室召开开题报告会，报告会由县教育研究室历史学科教研员田维华主持。

报告会上，课题组组长田俊兰做了课题的开题报告，县历史学科教研员田维华对课题的实施提出了要求，县教研室主任石爱芝就学校本次课题的研究进行了指导。她指出，在课题研究中，一定要做好资料的收集，做好相关的培训。参与课题研究的教师首先要对相关理念进行学习，要认真学习开题报告，了解课题研究的目标、实施的措施，每个参与课题研究的老师都要有预期研究成果预设，再朝着预设踏踏实实开展实实在在的工作。课题研究要立足于常态课堂，参与课题研究的老师要多学习、多记录、多思考、多总结，勤于实践、大胆探索，让课题探究做到真正为教育教学服务。

2. 实施步骤

（1）参与课题组的所有成员了解课题实施方案，学习有关"图片史料教学"的理论，按照课题实施方案制订切实可行的研究计划。

（2）围绕"图片史料教学"课题，制定好观课记录表、教师案例分析表，要求所有参与课题的教师写好心得、随笔、反思、总结。

（3）完成关于"图片史料教学"的专题情报资料收集工作。

（4）开展"图片史料教学"课题研究活动，强化理论学习的重要性，做好资料的收集，准备好经验交流等方面的工作。

三、课题研究的成果

（一）实践成果

1. 课题研究提升了教师的教学理念。随着课题研究的展开，教师的教学理念得到提升。对"图片史料教学"的内涵和意义有了更深一步的认识，"图片史料教学"是遵循教育教学规律，用少量的时间和精力，取得意想不到的教学效果，从而实现特定的教学目标，满足社会和个人的教育价值需求的一种现代教学理念。

2. 课题研究丰富了教师教学技艺。课题实验的过程亦是教师不断反思，以学生为本，加快了教师的专业化成长。在课题研究过程中，有的教师的教学修改也得以体现和张扬，促进了自身教学艺术的持续提高和发展，从而提升了教师的专业化发展。其中，杨玉英老师获得全市初中历史优质课一等奖，田薇丽老师获得县学科渗透法制教育优质课二等奖和县初中历史优质课一等奖。

3. 课题组成员以"图片史料教学"法积极备课，撰写论文和教学随笔，对"图片史料教学"的课堂组织模式、如何运用图片教学、学生识读运用图片等主要问题有了较为深入的认识。如图片在初中历史课堂教学中的有效运用，历史教学中如何利用图片加强过程与方法的训练，地图和课本插图的运用等。教学随笔谈到了许多实用的问题，如中学历史课堂教学对图片的运用，历史图片在中学历史教学中的应用原则。

4. 学生学习成绩明显提高。由于使用了"图片史料教学"教学设计，极大地提高了学生学习历史的兴趣，从而在班级中营造出浓郁的学习氛围与和谐的师生关系，有效地促进了教学质量的提高，学生的学习成绩有大幅度的提高。2014—2015学年第一学期期末县统考，我校七年级历史平均分78分，超县平均分16分；八年级历史平均分86分，超县平均分27分。

（二）书面材料

1. 研究论文集

课题组成员及全校教师认真学习有效教学理论，深入探讨有效教学策略，积极撰写论文。两年来共收集论文16篇，论文或教学设计在市、县评比中获奖7人次。

2. 教学设计文本

依据课题研究目标，将"图片史料教学"的探索与课堂教学实际结合，备课出教学设计文本。其中，蔡端、田薇丽、杨玉英的历史命题在松桃县教育局组织的命题竞赛中获奖。

3. 组织学生参赛

研究期间，积极组织学生参加小论文、历史知识竞赛等活动，我校有 35 名学生和 11 名学生分别在小论文和历史知识比赛中获奖。

研究总结报告

一、课题研究的内容、意义

1. 课堂研究的背景

新课改实施,导致学生对历史学科的认识出现偏差,学生的历史学习兴趣不高,历史学习能力较低;而教师往往注重现代教学手段的使用,而忽视传统"图片史料教学"的生动性和有效性;很多教师忽视"图片史料教学"教学,使用效率较低。针对上述存在的问题,我校历史备课组教师在课题研究中提出了对"图片史料教学"的探究,寄希望于对今后的历史教学有较大的提升。

2. 课题研究的意义

通过本课题的研究,历史教师和学生充分重视教材中的"图片史料"的价值。新课标倡导学生自主探究学习,"图片史料"能够让学生重构历史场景,直观的效果对学生自主学习有很大的帮助,有利于培养学生的自主学习能力。新课标要求重视情景教学,"图片史料"是重要的情景史料,教师在教学中巧妙运用,可以提高教学效率。形式多样的"图片史料",可以培养学生的学习兴趣,提高学生学习能力。

二、课题研究的内容

1. 调查本校"图片"在教学中利用程度和学生的认识水平。通过问卷调查、个别谈话等形式,从"充分利用""能利用""忽视不重视"三方面归纳,算出各占的比例。探究忽视"图片"有效利用的因素。通过教师们交流、深入学生调查了解、试卷图片史料试题得分情况统计,归纳忽视的可能原因：教师不够重视，强调多媒体教学；学生多关注教材教学；在答题时，多关注文字史料，忽视"图片"提供的信息等。

2. 研究的主要问题——在历史课教学中如何有效运用图片进行教学。

其一，"图片史料教学"的课堂组织模式。①利用图片导入新课；②利用图片突破重难点；③如何阐释历史辨析历史图片；④如何探究历史图片；⑤利用图片总结和复习；⑥不同形式历史图片的教学策略；⑦如何运用历史地图。

其二，学生识读和运用地图的能力。

其三，学生学习识读图片的方法。

3. 在研究的过程中：投入教学实践，及时撰写教学案例，检验课题研究的有效性；阅读相关的历史文章和文献，及时撰写读书笔记，为课题研究找到理论依据和提升专业水平，同时提高自身的业务水平。

三、课题研究的方法

1. 文献法：通过阅读文献资料，为研究的方法找到理论依据。

2. 问卷调查法：通过在不同层次的班级做问卷调查，探究学生的认知水平和重视程度。

3. 实践课：课题组成员定期开展公开课，研究图片教学法的运用。

4. 行动研究法：组织历史组有计划地在三个年级学生中展开研究，通过尝试不同呈现形式，通过教学案例，掌握"图片"在初中历史教学中的作用。

5. 总结法：在研究过程中，善于归纳经验与教训，做好整理工作，写出阶段性总结。

四、课题研究步骤

课题研究步骤分为三个阶段，分述如下。

(一) 准备阶段（2013 年 5—6 月）

1. 针对初中历史教学过程中教师和学生对"图片"重视和认识的程度进行调查、访谈、分析，了解利用的程度和存在的问题。

2. 根据我们的实践与思考制订课题研究方案。

(二) 实施阶段（2013 年 9 月—2015 年 5 月）

1. 明确研究问题："初中历史教学中如何有效运用图片进行教学"，确定研究方案，撰写课题的开题报告，明确研究的步骤和目标。

2. 依据课题，针对现状和不足，进行课题活动的实践，在研究的过程中，指出在以往的教学中对"图片史料教学"存在的不足和问题，把研究的成果及时投入教学实践中去，探究高效的历史课堂。根据实践和反馈的情况，撰写教学案例，并在备课组中探讨课题研究的得失。

3. 加强自身业务水平的提高，用专业的理论知识指导实践，阅读和课题相关的史书和文章，在阅读中提高和完善素质，撰写读书笔记。

4. 撰写"图片史料教学"研究心得。

5. 按时上传教学案例、读书笔记，阶段性报告。

(三) 总结阶段（2015 年 6 月）

在实践、研究的基础上，及时归纳课题研究的成果，学以致用，理论联系实践，提高下一步的教学效果。撰写课题结题报告，形成系统的课题研究成果和资源。

(四) 延期研究阶段

在专家组的指导下，课题组成员继续研究，继续上实践课，撰写图片教学论文、教学设计、教育随笔，探究图片教学中的主要问题，重写结题报告。

五、课题研究成果

现我们把研究成果做以总结和汇报。

1. 有效提高了学生对历史课程的认识和历史学习的兴趣

在课题研究过程中，让学生认识到初中历史新课程的真谛：学生学习历史，不是简单地了解历史史料，而是通过对历史的了解，认识到历史带给我们的启迪，总结历史给我们带来的经验和教训，为我们当今社会提供帮助。例如，在《宋代的社会生活》教学案例中，通过对《清明上河图》街市的了解和学习，一方面，提高了学生学习历史的兴趣，另一方面，从中得到启示，适时的政策，可以促进经济的发展。通过课题的研究，有效地提高了学生对历史的认识，从而真正达到了新课标的要求。在课题研究的过程中，尝试使用契合历史场景的图片资料，创设有趣的教学情景，能够激发学生浓厚的学习兴趣和强烈的求知欲，从而有利于高效课堂的打造。

2. 有效提高了学生对历史的学习能力和思考能力

初中历史对学生的考查和高中有很大的差异，初中历史在很大程度上，只要求掌握基本的历史史实，了解历史的最基本的规律就可以了。新课标要求初中历史教学注重教与学的交互活动，注重培养学生的自主学习、探究学习和合作学习，注重提高独立思考、创新思维能力。如何给他们提供这样的环境？"图片史料"是一个崭新的领域，大多数学生和教师往往忽视了，通过我们的课题研究，多次在课堂上的尝试，循序渐进地引导，让学生充分认识到"图片史料"所提供的正能量。例如，在《建设中国特色社会主义》复习课上，采用翻转课堂教学模式，以学生的分组合作学习为主，以教师的归纳提示引导点拨为辅，图片教学法贯穿始终。图文并茂，提高了学生学习兴趣，让学生感受到历史是鲜活的，另外，学生可以合作探究，从图片中提取有效的信息，在归纳答案时，引导学生提炼精确的语言，从而提高了学生对历史的学习和思考能力。

3. 总结出许多关于"图片史料教学"的经验和认识

在研究中，田薇丽对课堂上图片教学的组织形式有了较为深刻的认识,见《中学历史课堂教学对图片的运用》;田俊兰对运用图片教学法进行历史复习有细致的研究,发表论文《图片史料在初中历史课堂教学中的有效运用》并获奖;蔡端对历史课如何运用插图和地图进行了许多次实践课研究;周忠用老师对图片教学的功能和使用方法进行了实践课研究;杨玉英老师对图片教学在学习过程中的强化作用有独到认识和运用。

4. 有效加强了历史备课组的联系和合作

在我们学校大力倡导集体备课的环境下,我们的课题研究也不仅仅局限在个人的教学范围。我们在初三复习集体备课时提出,探讨综合习题的时候,尽量选择图文并茂的材料题,同时也符合中考新要求:中考选题新颖,多考查学生的历史思维能力和解题能力。在中考历史一轮复习时,历史备课组的成员对此比较感兴趣,并投入实践,复习的效果有了明显提升。"图片史料"的课题研究在同级备课组得到重视和推广,所取得的成绩是显著的,得到了学生和学校的认可。

5. 有效提高了自身教学能力和业务能力

通过"图片史料"课题的研究,我们在教学过程中大胆使用新材料,尽量挖掘"图片史料"中的正能量,"图"以致用,巧妙运用各种教学手段,展示教材,我们的教学能力在大胆尝试中得到了提高,在县中考复习五次检测中我们所带的班级均在县级同类班级中位居第一,所有学生均在C以上,得到学校的表彰,在2014年中考考核中取得优秀的成绩。

6. 对学生运用图片教学的成效

(1) 激发了学生的兴趣。图片教学改变了提纲式、呆板的教学面貌,取材灵活,形式多样,内容丰富,要点突出,容易引起学生的兴趣和注意。

(2) 帮助学生建构了完整的历史知识体系。图片教学揭示了教材的内在联系,有利于学生理解记忆和系统掌握历史知识,形成规律性的认识;图片能将零散的知识系统化,将教材内容结构化,具有归纳、演绎的特征，能帮助学生透过历史现象认识其本质，形成对历史现象的整体认识。

（3）发展学生智力，培养了逻辑思维能力。在历史图片教学中，通过师生互动，把丰富多彩的历史知识，归纳整理成纵横交错的内在结构，输入学生大脑，"内化"为学生的思维，使其在获得知识的同时，受到智力训练，逻辑思维能力得到培养。

（4）强化了学生的记忆。历史图片教学法把语言讲述与图表演示相结合，"图""文"并茂，能够充分调动学生各种感官同时接受和传递信息，同时刺激大脑进行积极的思考，从而强化学生的记忆。

7. 在延期研究阶段，课题组成员积极进行实践课

在实践课中，认真按照图片教学研究取得的经验设计教学，利用学校的录播设施，与学生教学相长，进一步摸索出图片教学的经验教训。其中，田俊兰撰写的实践课论文《图片史料在初中历史课堂教学中的有效运用》获省级论文评选二等奖，杨玉英实践课教学设计《民族危机空前严重》获省级评选三等奖，蔡端实践课教学论文《历史课本中插图在历史教学中的运用》获省级评选三等奖。

六、课题研究存在的主要问题及今后的设想

虽然课题研究的时间为时较长，但还是存在一些问题和不足，仍有不断需要改进和完善的地方。

1. 选择的课题是"图片史料"在整个历史教学过程中所占的篇幅较小，所以在教学的过程中不能占大篇幅的时间和精力，这和图片史料的重要性有所冲突，所以在教学过程中有权衡比重的大小，适量地运用"图片史料"教学才可以达到事半功倍的效果。

2. 课题的研究，影响的范围有待扩大。虽然在我们的课堂，历史备课组提出要重视"图片史料"的教学和考查，但还是有部分的学生和老师仍然不够重视，造成课题研究延期。这给我们一个启示：课题的研究不是短

期的，而是长期的过程。不能课题结题，研究也就中断。虽然结题，但研究是一个长期的过程，在以后长久的教学实践中应不断发展和完善，这才是课题研究的真正目的。

3. 在撰写案例和读书笔记时，还是感到自身理论水平和业务能力仍存在不足，对于业务的学习也是终身的学习，在业余时间多读书，不断提高自身的素质。

第二节　运用交互式电子白板打造初中历史高效课堂的实践研究

课题申报书

一、选题依据

（一）国内外相关研究的学术梳理及动态分析

1. 国外的研究动态

作为一种新型的手段和教学工具，交互式电子白板引起了世界教育界的关注，迅速在发达国家的中小学得到了广泛的应用。将交互式电子白板运用于教学，最初开始于英国，从 1997 年以来，英国政府已经意识到交互式电子白板的课堂应用，对基础教育信息化建设的强大推动作用，就加大了投资力度将交互式电子白板用于基础教育信息化建设，由政府主导组织大量的专家建设交互式电子白板的教学资源，免费提供给学校教师使用。英国政府此举就是希望在教育过程中，交互式电子白板的使用能够提升英国学校大中小学生的学习能力和成绩。

2004—2005 年，英国教育与技能部两年共投入 5000 万英镑用于中小学电子交互白板的购买，用于支持中小学利用电子白板开展信息化教学。据英国教育与技能部2003年10月发布的调查统计结果显示，小学、中学和特殊学校使用电子白板的比例分别为48%、82%和53%，从三个数据中可以看出中学使用范围最广。调查显示，电子白板已成为英国中小学最普及的计算机辅助设备之一，其拥有的比例仅次于数字投影仪和数码相机。由此可见，电子白板在英国中小学的信息化建设中占有十分重要的地位。

在亚洲的日本，2008年文部科学省划拨约四千亿日元的追加预算，将为全国的公立中小学校配置交互式电子白板及增加电脑等软硬件辅助设备。

除了英国、日本外，电子交互白板在美国、欧洲和世界其他地区也正逐步兴起。

随着交互式电子白板的逐渐推广和普及，在国外，目前已经形成系统性的研究体系和应用体系，研究如何为教师使用交互式白板提供专门资源和技术支持，提升交互式白板的课堂应用效果。

2. 国内的研究动态

交互式电子白板在国内的研究，起步比较晚，但是发展最为迅速。中国最早将交互式电子白板用于教学的是北京地区，2004年6月，首都师范大学会同北京科学院，两个教育专业机构联手在北京地区的部分中小学开展课堂教学中应用交互电子白板的研究。目前，交互式电子白板在教学中的运用研究，已经在北京大部分中小学校铺开，内容涉及中学的语文、英语、数学、化学、物理、地理、政治、信息技术8门学科。随着北京地区研究的展开，我国大部分经济比较发达的地区也开始将交互式电子白板运用于中小学的课堂教学中。湖南、广州等省市，教育厅已正式发文，多媒体教室必须安装交互式电子白板。可以预见，交互白板终将替代黑板成为课堂教学的主流技术，成为中小学未来教室设计施工的标准配备。

在过去的"十三五"规划中，我国大中小学校的课堂教学中，基本普及交互式电子白板的教学系统，相关研究开始由最初的媒体教学技术性特征分析，转到如何带领教师积极探索交互式白板的交互教学模式实践研究。

（二）本课题相对已有研究的独到学术价值和应用价值

1. 学术价值

（1）信息技术和课程深度融合

当前，我国基础教育领域正在进行着一场意义深远的课程改革，在这次改革当中，推进信息技术与课程的深度融合成为其中的最重要内容。教育部在《基础教育课程改革纲要（试行）》中提出：大力推进信息技术在教学过程中的普遍应用，促进信息技术与学科课程的整合，逐步实现教学内容的呈现方式、学生的学习方式、教师的教学方式和师生互动方式的变革，充分发挥信息技术的优势，为学生的学习和发展提供丰富多彩的教育环境和有力的学习工具。

信息技术和课程深度融合，不是简单地把信息技术仅仅作为辅助教师教学的工具，而是要实现信息技术与学科教学的深度融合。为了实现这种深度融合，就必须改变传统的教学观念，从课程的整体观来考虑信息技术的功能与作用。

历史学科教学与信息技术深度融合就是指在历史学科教学过程中，把信息资源、信息技术、信息方法、人力资源以及课程相关内容有机结合起来，用科学的方法把历史教学中抽象的概念直观地表达出来，把难以观察、掌握的历史发展规律综合表现出来，把体现本质的现象从复杂烦琐的历史表象中提炼出来，帮助学生直观感知过去的历史事件，培养学生的历史意识，认清历史发展的规律，师生一起共同完成历史学科教学任务的一种新型教学模式。

（2）多元智能理论

美国哈佛大学著名心理学家加德纳认为，人的智能是多元的，除了语言智能和数理逻辑智能两种基本智能以外，还有视觉空间智能、音乐智能、身体运动智能等智能。衡量智能的高低，要以解决实际生活中的问题和创造出社会所需要的有效产品的能力为标准，而并非像传统智能观那样以语言、数理和逻辑推理能力为标准。加德纳认为，智能之间的不同组合表现出个体间的智能差异，不同的人有不同的优势智能和弱势智能。

初中历史教育的目的，主要是增进学生对历史的认识，使他们得到身心的平衡发展。从教学实践中来，多元智能理论应用于初中历史教学具有了宽广的发展空间。

语言智能，通过创设历史学习情景，让学生在阅读中学习，并通过阅读、写作、讨论的训练，提高学生的历史学习能力，或者就某一段史料讨论分析，就某个历史事件发表见解，对某个历史阶段发生的事件撰写读书报告，指定与历史教材相关的课外阅读书籍，培养学生的阅读兴趣。数理逻辑智能，引导学生的思维进入一个较高的境界，让学生通过相关联的历史材料归纳自己的观点，创设假设场景发挥学生的想象力，就某个史学理论，培养学生的思辨能力和演绎能力，将一系列的历史事件进行分类学习，利用定量法，统计测定历史数据等。

视觉空间智能，引入有情节的历史事件，让学生根据自己的想象画成图景等，也可以做成设计的建筑、雕塑、陶瓷模型等，把大脑中形成的角色形象制作成民间工艺品、艺术小饰品，如有条件还可以自制精美的音乐小 Flash 动画、历史小电影或纪录片等。

音乐智能，学生听觉敏锐，善于模仿，具有一定的音乐潜能，结合初中历史教学，将音乐的生理和心理功能广泛应用，开发学生各种智能与潜能。再利用教材或课外的音乐资源，把音乐与教学内容有机地结合，这也是培养学生音乐智能的主要渠道。让学生聆听具有时代特征的主题音乐或背景音乐，通过讲解音乐背后的历史内涵，从而达到活跃课堂学习气氛，提高学生认知与情感水平的目的。

把多元智能理论应用于中学历史教学中，有利于发展学生的创造性思维，使其形成良好的合作意识，提升学生的人文素养，增强学生适应社会的能力以及创新能力，为他们日后的发展奠定坚实的基础。

（3）混合学习

是指多种学习方式相结合。运用幻灯投影、录音录像等视听媒体的教学方式与传统的课堂教学方式相结合；运用计算机辅助教学、网络课程、网际互联协议等计算机辅助教学的方式与教师传统单一的讲授方式相结合；学生的自主学习方式与学生之间合作学习的方式相结合等。"混合学习"（blending learning）就是把传统学习方式的优势和数字化或网络化学习（e-learning）的所有优势结合起来。具体说来，是发挥教师的引导、启发、把握教学过程的主导作用，充分发挥体现学生作为学习主体的主动性、能动性和创造性。把这两者结合起来使两者的优势互补，以期获得最好的学习效果。

混合学习的本质，强调教师的主导作用和学生主体地位要有机统一。交互式电子白板在学科教学中的有效应用就是混合学习的践行。

2. 应用价值

（1）能够让初中历史课堂充满活力

历史学科是一门人文学科，是一门思辨性很强的学科。一支粉笔，一块黑板，一本教材，一张嘴是传统历史课堂教学的生动写照，这样的课堂枯燥无味，学生是配角，只能被动地服从配合教师教学，完全没有学习主动权，思维也只能处于休眠状态。兴趣是最好的老师，好奇是学生的天性。在历史教学中，利用交互式电子白板插入一段历史视频或音频，可以再现历史情景，激发学生的兴趣，促进学生认识从感性向理性转化。交互式电子白板强大的图像、动画、文字处理功能可以加强师生互动、生生互动，活跃课堂氛围，使初中历史课堂充满活力。

（2）能够有效节省教学时间

传统多媒体教学中，教师往往需要在电脑、投影、黑板之间来回走动，从而分散了学生的注意力，即使使用电子教鞭，也只能完成简单的翻页功能，一旦遇到稍微复杂的情况，电子教鞭就无能为力了。利用交互式电子白板进行教学，避免教师在电脑和黑板之间来回走动，教师只需要在白板上熟练地进行各种多媒体的操作即可。这样教师就可以全心地投入课程的讲解和演示中来，使学生更专注于教师的讲解演示。这样的课堂有效节省教学时间，提高了教学效率。

（3）能够增强师生间的互动

电子白板具有强大的交互功能，为课堂教学互动提供技术可能，从根本上改变教师问学生答的传统互动方式，为体现以学生为主体的课堂教学提供了技术基础。交互式电子白板将人机互动、师生互动以及生生互动有机结合在一起，让课堂变成现场直播，学生通过直接观看、亲身参与，不仅学习了知识，而且交流了情感，有效地达成知识与情感目标。

（4）能够增加初中历史课堂容量

在初中历史教学中，如果教师板书量比较大，占用的时间就会比较多，会使课堂节奏较慢。使用了交互式电子白板后，教师的板书量减少，课堂教学节奏加快，一节课的课堂容量明显增加，教育教学任务就会顺利完成并收到良好的效果。

二、研究内容

1. 核心概念

交互式电子白板在国际上是一种新近崛起的数字化演示设备，是汇聚尖端电子技术、互联网技术和软件技术等多种高科技手段研究开发的最新技术产品。这个设备通过计算机与投影机的联机使用，利用计算机的数据处理功能和互联网的信息传递功能，轻松实现书写、标注、几何画图、编辑、打印、存储和远程交互共享等功能。电子白板与计算机网络技术的结合，能够为学生提供图文音像并茂丰富多彩的交互式界面，信息量之大超过人们的想象。因此，运用交互式电子白板教学有利于激发学生的学习兴趣，吸引学生的注意力，保持注意力的持续兴奋和稳定，教学信息传递的便捷性和信息保存的及时性受到师生的青睐，强大的信息交流平台，使教师、学生、媒体、学习信息四要素之间的联系更加紧密，提高了学生接受有效信息、排除无效信息的能力。

自 2011 年 3 月以来，我校逐步建成了交互式电子白板全覆盖的现代化教学互动平台，实现了现代技术的班班通，本课题所指的交互式电子白板均指希沃公司研发的希沃一体机所自载的希沃白板 5 品牌。

初中历史指的是 2008 年国家教育部颁布的义务教育标准课程。

高效课堂，具体指教师学生以最小的教学和学习投入获得最大学习效益的课堂，基本特征是自主建构、互动激发、高效生成及愉悦共享。高效课堂的标准是，看学生知识掌握能力增长和情感态度价值观的变化程度，看教学效果是否实现了少教多学，是怎样的投入获得的，看师生是否经历了一段双向激发的愉悦交往的教学过程。

实践研究主要指我们的研究是教育行动研究，即教育实践者为了改进工作质量，将研究者与实践者、研究过程与行动过程结合起来，在现实情境中通过自主的反思和探究，解决教育实际问题的一种教学研究活动，具体来说就是在日常的教学中进行的研究。

《运用交互式电子白板打造初中历史高效课堂的实践研究》的课题，是在交互式电子白板希沃白板 5 互动式教学平台的环境下，在课堂教学中，最大限度利用希沃白板 5 的备授课系统，发挥信息技术与学科深度融合的优势，打造初中历史高效课堂，提高教学质量。

2. 研究对象

松桃民族寄宿制中学历史教师及学生

3. 总体框架

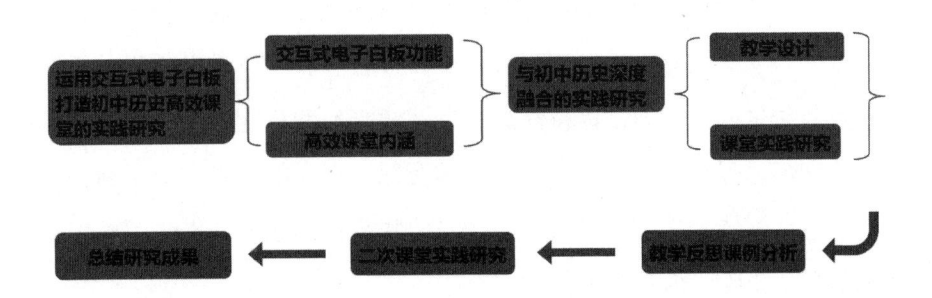

```
运用交互式电子白板打造初中历史高效课堂的实践研究 ── 交互式电子白板功能
                                          高效课堂内涵
与初中历史深度融合的实践研究 ── 教学设计
                             课堂实践研究
教学反思课例分析 → 二次课堂实践研究 → 总结研究成果
```

4. 重点难点

在初中历史教学过程中，运用交互式电子白板打造高效课堂，提高教学质量，提升教师的执教能力。

组织开展运用交互式电子白板打造初中历史高效课堂的实践研究活动，研究和设计运用交互式电子白板打造初中历史高效课堂典型的教学案例。

5. 主要目标

通过交互式电子白板在初中历史教学中的具体应用，打造初中历史高效课堂，提高课堂教学的有效性。

探索交互式电子白板打造初中历史高效课堂的应用策略，促进学生在信息技术环境下学习方式的变革。

建立运用交互式电子白板的初中历史学科校本资源库。

三、思路方法

（一）基本思路

组织学习交互式电子白板的应用与高效课堂教学的相关内容，了解运用交互式电子白板对促进高效课堂教学的重要意义，运用交互式电子白板打造高效课堂的基本方法，开展运用交互式电子白板的课堂教学实践和教学设计的相关活动。强化具体过程的研究，注重阶段性的成果，把握借鉴国内外相关研究的成果，从理论与实践两个方面进行研究。

（二）研究方法

课题的研究用到的研究方法有，文献研究法、行动研究法、案例分析法、调查研究法、经验总结法等，但是课题使用最基本的方法是文献研究法与行动研究法。

文献研究法：对现有的期刊、报纸、书籍等文献进行调研，了解该课题研究的现状，借鉴已有的研究成果，找到新的研究点，为课题研究提供框架和方法。

行动研究法：通过理论及技术培训、教学设计、课堂教学、查找问题、教学反思、调整设计、重新上课的流程，辅以课堂观察、课例分析，循环推进运用交互式电子白板打造高效课堂的策略与方法，这是课题最主要的研究方法。

案例分析法：研究初期，各校历史教师合作，通过在历史课堂上交互式电子白板的具体应用，形成案例，经过一定的教学实践后再对比分析。

调查研究法：通过调查问卷、走访谈话等方式，有针对性、有目的地收集相关教师在电子白板使用中存在的问题，摸清运用交互式电子白板的现状，获得关于课题研究的真实情况，形成对课题研究情况的初步认识。

经验总结法：在课题研究的具体实践中，对课题研究各个阶段的情况进行分析和总结，形成课题研究的论文、阶段性总结和结题报告。

（三）研究计划

课题研究时间为2022年1月至2023年6月，为期一年半。具体采用先整体设计再分段实施的办法，在分析总结的基础上，再提出下一阶段实施研究的重点。预期分为四个阶段实施：

第一阶段：研究准备阶段（2022.01—2022.04）

制订实施的方案：课题组的主要成员共同商讨研究，制订详细的课题研究实施方案。

开展学习培训：收集相关资料，对课题组成员开展课题培训，让实验教师明确课题研究的目标、内容、意义及进程。

明确课题研究分工，撰写研究方案，填写《课题申报书》，确定试验班。

第二阶段：初步研究阶段（2022.05—2022.09）

开展系统培训，对参与实验的历史教师进行全员培训，让人人熟悉交互式电子白板的操作系统。

开展课题培训，学习交互式电子白板打造初中历史高效课堂的优秀应用课例。

开展撰写交互式电子白板打造初中历史高效课堂的教学设计的交流活动。

开展初中历史课堂实践活动，要求所有参与实验的历史教师，在活动中，做好课堂观察，记录和对比运用交互式电子白板上课的效果与其他展示媒体上课的不同效果，学生在学习兴趣互动方式方面的变化，并根据教学实际做到合理使用交互式电子白板，在这个过程中，还要做好课件的保存与收集。

开展问卷调查和访谈，进一步了解现阶段学生在初中历史课堂学习中存在的主要问题，学生对初中历史课学习需求的具体情况，学习借鉴前人研究成功的经验，提出交互式电子白板在初中历史教学中打造高效课堂的策略和方法。

第三阶段：全面深入研究阶段（2022.10—2023.04）

交互式电子白板与"打造高效课堂"的关系研究。

组织"运用交互式电子白板打造初中历史学科高效课堂"的主题优质课竞赛，依托笔者的市级初中历史名师工作室为平台，大力推进本课题的深入研究。

针对不同年级、不同知识板块的教学内容，进一步探索交互式电子白板打造高效课堂的实践研究的策略与方法，组织到兄弟学校开展与课题有关的汇报课、研究课和论文交流研讨会等交流活动，营造浓郁的教育教学科研氛围。

研究初中历史学科基于交互式电子白板运用的高效课堂教学模式和方法。

第四阶段：全面总结阶段（2023.05—2023.06）

主要完成以下工作内容：

第一，收集教学论文、教学设计、研究案例等研究成果；

第二，撰写运用交互式电子白板打造初中历史高效课堂的实践研究的结题报告；

第三，开发充实初中历史交互式电子白板的课堂实录、教学案例、教学设计等校本资源库。

做好课题结题准备，申请鉴定。

（四）研究可行性

1. 国家信息化发展趋势的需要

2012年9月，国务委员刘延东在"全国教育信息化工作电视电话会议"上指出：教育部要加强优质资源的开发，加强信息化学习环境建设，实现信息技术与教育教学的全面深度融合。与此相呼应，全国各地出台了一系列教育教学相关政策来推动信息技术与教育教学深度融合，以促进教育信息化的深入开展实施。

2018年4月，教育部颁布了《教育信息化2.0行动计划》，在文中指出了，教育信息化是国家信息化发展战略的重要组成部分，是实现教育现代化、实施素质教育、全面提升教育教学质量的有效途径。因此，加强信息技术与各学科的深度融合，打造高效课堂，实现课堂教学有效性，是我们当前的主要任务，应用和推广交互式电子白板是整个现代教育技术发展的大趋势。

2. 助力课程改革的需要

目前，基础教育的课程改革进入新的阶段，如何有效教学是一个重要话题，而构建高效课堂已成为各级各类学校的共识，历史教学已从传统的教师满堂灌的教学模式向以学生的学为中心的新型模式转变，培养学生的能力更需要现代信息技术的辅助，在教学中应用现代信息技术教学，是推进教学改革的重要方面之一，对教师教学方式和学生学习方式的改变具有重要作用。

教育教学的任务，将现代信息技术作为课堂教学中重要的展示手段，重点要着眼于如何利用现代信息技术改变学生的学习方式，如何促进学生学习的深入和拓展，如何为学生提供自主学习、合作学习和探究学习的有效平台，如何通过现代信息技术的深度融合更好地提升学生的学科核心素养。

在初中历史教学中，充分运用交互式电子白板打造高效课堂，是提高课堂教学质量的一种强有力的途径。根据具体情况运用交互式电子白板与初中历史教学的深度融合，能够起到加深理解、巩固知识的功效，能够真正调动学生的学习积极性，能够强有力地打造高效课堂，达到优化教育教学的目的。

3. 助力学校提升质量的实际需要

我校是县级初中教育教学的龙头学校，近年来，多次获县市级教学质量奖，教学质量如何更上一层楼，是摆在我们面前的问题。截至 2011 年 3 月，主管部门为我校所有教室配备齐了型号为希沃电子白板 5 的交互式电子白板，班班通的实现，给我校教学质量的提升提供了一个新的发展契机。运用现代信息技术为我校的教育教学服务，能够充分展示现代信息技术在课堂教学中的魅力，课堂上增强师生互动、生生互动，调动学生学习的积极性，打造高效的课堂，提升教育教学质量，能够更好地发挥我校龙头学校的示范作用。

4. 已取得的相关研究成果

中国在交互式电子白板的研发和教育应用方面稍晚于欧美发达国家。2001年，深科教公司率先研制出中国第一块交互式电子白板，之后有更多的厂商进入这一领域。交互式电子白板在中国教育系统中的应用始于2004年。在2004年之前，国内对电子白板的研究主要集中在技术和特性方面，很少涉及教育领域。

2004年4月，首都师范大学丁兴富教授主持的中英合作交互白板实验研究项目，在部分中小学启动实施，标志着交互式电子白板正式进入我国教育领域。之后，越来越多的教育工作者和研究者开始关注交互式电子白板在教育中的应用。经过十多年的探索，中国在交互式电子白板的教育应用领域积累了大量的教学案例和宝贵经验，不同学科对于交互式电子白板在教学中应用的研究也层出不穷，在文献发表方面，有关交互式电子白板的年均文献发表呈递增趋势，这也从另一方面体现了广大教育工作者对交互式电子白板的重视。

四、创新之处

（一）学术思想

运用交互式电子白板打造初中历史高效课堂的实践研究，在充分借鉴国内外已有研究成果的基础上，很好地践行了多元智能理论、混合学习理论在初中历史教育教学中的实践应用，为运用交互式电子白板打造高效课堂课题的实施提供了理论依据。

（二）学术观点

以学生为中心的教育理念，主张学生主动地学习知识，是学习的主体，特别重视培养学生的能力。交互式电子白板作为一种新兴的多媒体辅助教学工具，为建立以学生为中心的课堂教学奠定了技术基础。在历史课堂中运用交互式电子白板，能使教学充满活力、精彩无限，有利于实现教师与学生、学生与学生、师生与媒体之间的互动高效课堂教学。但在常规的教育教学中，教师的课堂主导地位没有发生根本性的变化，教师是学习活动的控制者和管理者。我们的课题就是要在以学生为中心的教育理念支撑下，以如何培养学生能力方面进行研究，期待在这方面有较大的突破。

建构主义理论强调学生在学习过程中，人脑的工具性特质、已有的经验、知识对于建构新的知识的重要性。交互式电子白板，独有的丰富性、灵活性、交互性更能充分地开发课程所需要资源，为学生提供所需知识和素材，成为大脑重新建构新知识的有效触媒。因此，我们课题组也将把利用交互式电子白板有效开发校本课程资源、培养学生自主学习能力作为课题的一个创新点。

（三）研究方法

充分发挥交互式电子白板在课堂上的交互性作用，在初中历史教学中更好地巩固学生灵活运用课堂知识的能力，通过课堂观察、访谈等手段，进行基于数据分析的探索研究

（四）破解难题

本课题结合学校的具体情况，以丰富的教育教学实践为支撑，全面地深入研究交互式电子白板在初中历史学科中的应用。

本课题从条件配套、教学实践等多层面系统研究交互式电子白板的课堂教学应用，整合学校一线历史教师以及信息电教部门等多方面资源。

本课题从初中历史学科的角度对交互式电子白板的应用问题进行探索研究。

五、预期成果

（一）成果形式

1. 论文汇编

2. 研究报告

3. 课堂教学案例集

4. 教学心得、反思集

（二）使用去向

本课题的具体研究成果将试图在我校的教学课改中进行具体的实践，并推广至兄弟学校。今后我们本课题研究的主要设想是如何将我们具体的研究理论实践成果应用于具体的实践和推广并改进。

（三）预期社会效益

通过本课题的研究，总结出一些可操作性强的策略和可复制的范例并进行推广，加强教师运用交互式电子白板打造初中历史高效课堂的能力，促进现代教育技术与学科的深度融合，逐步提高教师现代技术教学水平，全面培养学生学习能力和综合素养。

六、参考文献

[1] 石映辉，杨宗凯，杨浩，等．国外交互式电子白板教育应用研究 [J]．中国电化教育，2012（5）：99-103，121．

[2] 王进峰．自然科学：文摘版 [J]．交互式电子白板的国内外研究现状，2017（2）：197．

[3] 胡卫星，王洪娟．交互式电子白板课堂教学应用研究的现状分析 [J]．中国电化教育，2012（5）：104-108．

[4] 丁兴富，李敬东．从黑板到交互白板的历史进程：对信息技术与课堂教学整合前景的展望 [J]．中国电化教育，2005（2）：30-34．

[5] 于洋. 浅析触摸式电子白板在高中历史教学中的应用 [J]. 延边教育学院学报, 2018, 32 (6): 188-190.

[6] 张晓婕. 电子白板在高中历史课堂中的运用研究: 基于上海财大附中的实践研究 [D]. 上海: 上海师范大学, 2012.

[7] 文晓霞. 交互式电子白板环境下的高中历史教学研究: 以人教版必修I《辛亥革命》一课为例 [D]. 武汉: 华中师范大学, 2012.

[8] 张婷, 胡卫星. 课堂教学中交互式白板应用策略的分析研究 [J]. 中国教育信息化（基础教育）, 2013 (4): 46-50.

[9] 陈曦. 交互式电子白板的课堂应用研究 [D]. 上海: 华东师范大学, 2010.

[10] 杨滨, 任新英. 基础教育阶段交互式电子白板教学应用现状及发展研究 [J]. 电化教育研究, 2014, 35 (6): 71-77.

[11] 张建平. 让交互式电子白板为初中历史教学填色增辉 [J]. 学周刊, 2014 (4): 206-207.

[12] 李瑞萍, 李名, 郭小洁. 交互式白板在中小学的应用与推广策略研究 [J]. 中国教育信息化基础教育, 2009 (1): 21-25.

[13] 方琳. 交互式电子白板在初中历史教学中的应用研究 [D]. 广州: 华南师范大学, 2011.

[14] 冀洋. 交互式电子白板与初中历史高效课堂 [J]. 中学教学参考, 2018 (3): 21-23.

04

第四篇

| 市级名教师工作 |

第一节　同课异构名师引领促教师成长

——铜仁市级名教师田俊兰工作室教学研讨活动

"一枝独秀不是春，万紫千红春满园"。春末夏初，松桃民族寄宿制中学的校园，绿更浓，花更艳，雨后空气的芳香沁人心脾，在这个让人心旷神怡的季节，为充分发挥名教师田俊兰工作室辐射引领作用，探索初中历史课堂教学模式，提高课堂教学有效性，2021年5月21日，在松桃民族寄宿制中学二楼录播室，工作室开展了"同课异构"教学研讨活动。

本次活动的主题是"运用交互式电子白板，打造初中历史高效课堂"，活动内容及形式是同课异构示范课、观课议课、专题讲座、研讨交流。参加活动的有工作室全体成员及学员，部分城区乡镇中学初中历史教师。上展示课的三位教师分别是松桃民族寄宿制中学邓巧英、杨械令以及长兴中学杨光琴三位老师，课题是2016年教育部审定义务教育教科书七年级下册第15课《明朝的对外关系》。工作室主持人田俊兰老师主持观课议课活动，并与工作室成员蔡端老师一起围绕本次教学研讨活动主题分别做了精彩的讲座。

历史厚重　潮涌松江　>>>

台上一分钟，台下十年功，为了更好地运用交互式电子白板，探索打造初中历史高效课堂，三位老师在工作室主持人田俊兰老师的指导下，课前做了充分准备，对交互式电子白板的功能进行了全面的了解学习，并设计了本课交互式电子白板课件。在教学中，三位老师的展示各有特色，邓巧英老师从交互式电子白板中调用选词填空、课堂竞赛活动等功能，让学生当堂练习参与课堂活动，激发了学生学习兴趣，有效地达成教学目标。

邓巧英老师展示学生课堂竞赛活动

杨械令老师为直观地讲解郑和下西洋声势浩大的场景，从白板学科工具中调用了地球仪，在地球上标识了下西洋的路线，形象地说明了郑和下西洋是世界航海史上的壮举。

杨光琴老师通过交互式电子白板视频插入,生动再现历史场景,使用电子白板蒙层、批注等功能,突出重点难点,使教学目标的达成事半功倍。

杨光琴老师指导学生课堂活动

在评课议课中,首先,三位老师进行了简单的说课,把自己上课的思路、想法,把对课程的设计、呈现方式、在课堂上实施的步骤,以及上课效果进行说明。然后,老师们畅所欲言,各抒己见,沟通交流,既谈了自己观课的收获又提出了意见,并针对课堂出现的问题商议一套切实可行的解决措施。

最后,工作室主持人田俊兰老师做了总评,充分肯定了三位老师带给大家与众不同让人耳目一新的课堂,展示课很好地诠释了本次教学研讨活动的主题,为有效教学提升教学质量开辟新的路径,鼓励三位老师继续探索运用交互式电子白板,打造初中历史高效课堂的策略,同时,也指出三位老师课堂上细节讲解不够好,对学生的带动不够到位,电子白板的交互

评课议课老师们畅所欲言

式功能的使用有待进一步加强等意见。

专题讲座中，蔡端老师的题为《交互式电子白板在初中历史课堂中的应用技巧》的讲座，从交互式电子白板在历史学科教学中的优势、交互式电子白板在历史学科中的实践应用、交互式电子白板的功能及与传统教学功能的比较三个方面进行讲解，语言深入浅出并结合课堂案例，为老师们学习交互式电子白板提供思路。田俊兰老师《运用交互式电子白板，打造初中历史高效课堂》的讲座，从高效课堂的含义、如何运用交互式电子白板打造初中历史高效课堂，到运用交互式电子白板能给课堂带来的无限生机，以及运用交互式电子白板对教师教学方式和学生学习方式改变的重要作用等方面进行了讲解，思路清晰，见解深刻，思想具有前瞻性，触及老师们的灵魂，内容紧扣本次活动主题，让老师们深刻地认识到信息技术与学科深度融合的深远意义。

主持人田俊兰老师和蔡端老师做专题讲座

之后，工作室主持人田俊兰表示，感谢上级领导搭建工作室平台，让大家有缘一起学习成长，她会竭尽所能助力大家成长出彩。下一步，她将以课题研究为抓手，推动工作室建设，引领教师专业成长。

全体成员学员合影

第二节　运用交互式电子白板展示初中历史课堂精彩
　　——铜仁市级名教师田俊兰工作室教学研讨活动

　　为充分发挥市级名教师田俊兰工作室的辐射引领作用，探索初中历史课堂教学模式，提高课堂教学有效性，提升教师专业素养，2021年12月10日，市级名教师田俊兰工作室在松桃民族寄宿制中学录播室开展"运用交互式电子白板，打造初中历史高效课堂"教学研讨活动。

　　此次活动紧紧围绕以课例促教学、以教研谋提升，实现经验分享、优势互补、共同提高进行。活动由铜仁市名师田俊兰老师主持，全县优秀历史教师参与。活动分同课异构示范课、观课议课、专题讲座、研讨交流四个阶段。上示范课的四位教师分别是松桃民族寄宿制中学张潘老师、长兴中学张清老师、第八中学杨兰芬老师和高坪学校唐小英老师,同课异构的课题是 2016 年教育部审定义务教育教科书七年级上册第 19 课《北魏政治和北方民族大交融》。四位老师虽然年轻,但教学课堂精彩纷呈。

张潘老师利用希沃白板制作妙趣横生的课堂游戏,引导学生畅游历史海洋,在热情激烈的对决中感悟历史魅力。

张潘老师展示学生课堂活动

长兴中学张清老师从交互式电子白板中调用选词填空、课堂竞赛活动等功能,让学生当堂练习参与课堂活动,激发了学生学习兴趣,有效地达成教学目标。

历史厚重　潮涌松江　>>>

张清老师展示学生课堂活动

　　第八中学杨兰芬老师热情洋溢，声音洪亮，笑容甜美，极具感染力，在课堂开始就紧紧吸引了学生的注意力。在整堂课上，她以电子信息技术为抓手，巧妙设计活动，图文并茂，声色俱全，玩转课堂。学生响应积极，乘风破浪，在滚滚江流上挂帆济沧海，收获丰富历史知识，感悟到独特别致的历史韵味。真正落实了"一课一得"的教学理念。

杨兰芬老师精彩讲述

最后是高坪学校唐小英老师的课堂，她引导得当，特别注重学生的自主学习。唐老师把教师的教化为一个个精准的活动，巧妙利用电子白板，以图片为引导，让学生成为课堂主体，展示所学精彩。课堂响起孩子们一次又一次的掌声，如同一波波赞美的浪潮涌过老师们的心。

唐小英老师指导学生课堂活动

课后，工作室主持人田俊兰老师主持观课议课活动，听课老师们孜孜求学，取长补短，对这四堂课进行了深入、细致的分析和评价，就四位老师课题的亮点和不足提出了自己的观点和看法。大家都赞扬肯定四位老师贯彻新课改理念，注重学科核心素养的落实，帮助学生树立"文化自信"；最后，老师们提出今后教学的改进方向。

在之后的讲座上，田俊兰老师与工作室成员杨玉英老师围绕本次教学研讨活动主题做了精彩讲座。杨玉英老师认为："在目前的教育改革中，图片史料在教学中的作用显得更加明显，教师需要恰当地把图片和文字结合起来，高效课堂主要取决于学生的参与度，图片史料能够提高学生参与课堂学习的积极性，能够有效达成目标。"

杨玉英老师专题讲座

田俊兰老师专题讲座

田俊兰老师提出:"用好现代科技,玩转历史课堂,但也别忘了历史课堂的独有魅力——历史课堂是充满家国情怀的课堂。希望老师们不断改进教学、提升自我,感受历史的厚重,学史、明史、用史,在滚滚历史长河中畅游,激扬生命;希望大家扎扎实实落实本次活动的主题。"

历史厚重　潮涌松江　>>>

参加活动的全体教师大合影

05

第五篇

| 培训读书学习心得体会及汇报材料 |

第一节 《洋思教改深水区》读书心得

众所周知，洋思中学原本是一所濒临撤并的中学，在蔡和森校长的带领下，教育教学质量突飞猛进地提高，一跃成为全国各地学习的典型，成为中国教育的奇迹。早在 2009 年 11 月，我参加学校一行 12 人的学习考察团，赴江苏省洋思中学考察学习。

《洋思教改深水区》这本书是几年前买的，当时自己做了几年的教学管理工作，对于如何提高课堂教学质量有一些思考和想法，在彷徨迷惑中想通过更多的学习和阅读开阔自己的视野。

《洋思教改深水区》，本书作者倪高扬是兴化市一所中学的校长，曹伟林是洋思中学的副校长，我到洋思中学学习考察期间曾经听过两人的报告，本书从观念争鸣、教学管理、备课辅导、课堂教学、作业考试、"四清"验收、后进转化、行政管理、经验比较九个方面对洋思成功的经验做了全方位的介绍，很有现实借鉴意义。下面我对这本书的主要内容进行简要概述。

一、洋思的教育理念

进入洋思中学就见左侧竖立着一个宣传牌，上面写着"没有教不好的学生，只有不会教的老师"。因为对于这句话的理解是仁者见仁智者见智，不少人认为后半句会有负面效应，就删去了后半句。洋思中学把"没有教不好的学生"这句话作为学校的教育理念,这个理念是洋思中学的精神栋梁。

"没有教不好的学生,只有不会教的老师"。这句话并非出自洋思人,有人说是苏霍姆林斯基提出的,也有人说出自我国著名教育家陈鹤琴先生,但有一点可以肯定,蔡和森校长当时提出这个理念并非空穴来风,是从多年的教育和转化自己3个孩子的实践中得出的切身体会。所以,"没有教不好的学生"是洋思中学孜孜以求的崇高教育目标,至于能不能百分之百地实现则另当别论。

美国心理学家罗森塔尔把教师对学生的殷切希望能戏剧性地收到预期效果的现象称为罗森塔尔效应,亦称"皮格马利翁效应"。"没有教不好的学生"这一理念增强了教师教育好每个学生的责任感,基于"罗森塔尔效应",老师的坚信、坚持会让学生逐渐自信起来,也能让家长对孩子改变印象,相信自己的孩子能学好!

二、洋思的教学管理

良好的开端等于成功的一半,对于小学刚升入初一年级的新生,学校进行为期3~4天的规范强化训练,规范化训练的内容十分细致。例如,包括如何学习、学会走路、学会吃饭住宿等,对于每一训练内容都有明确的标准,并且会逐一进行验收。

为了让学生在同一起跑线公平竞争,采取完全平均分班制度,并且每升一年级重新分班一次。平均分班后,以班计算各学科成绩,这个成绩称为"班学科底分",是教师考核依据。平均分班后如有学生流动,"班底分"也将重新计算。

洋思中学的教育教学经验是创新的,启迪我们思索与探究,更启迪着我们去研究自己的教育教学实践,开辟属于自己的教育教学创新之路。现在结合自己学习洋思教育教学经验的实践,从以下几方面谈谈自己学习教育教学洋思的一点心得。

(一) 转变观念，提高认识

学习洋思经验，最主要的是转变教师的观念。"没有教不好的学生"是渗透在洋思中学每一个教师心灵深处孜孜以求的崇高教育目标，确立了"没有教不好的学生"的理念，教师和学生就有了信心、有了力量、有了智慧，教师才能实施公平教育，真心诚意去对待每位学生，关爱学生、关注学生，耐心地引导学生热爱学习，对学习产生浓厚的兴趣，愿意学习，主动学习。作为一名热爱教育教学工作的教师，要认真总结学习洋思经验，创新教育教学方法，提升课堂教学效果，促进新课改的进一步发展。

(二) 立足课堂，真抓实干

改革课堂教学是课程改革的重中之重。学习洋思教育教学的经验，进行课堂教学改革也是新课标的要求，改革我们过去的在课堂上的教师一言堂，以投喂的方式教学，"先学后教"，学生是学习的主体，是学习的主人，教师是课堂的主导，负责引导学生学习。洋思中学"先学后教"的课堂教学模式，非常注重的是让每个学生学会怎样学习，让学生动手实践，对知识的掌握远比听教师讲的牢固，这过程中还培养了学生的学习习惯和能力。洋思中学所谓"后教"的"教"也不是完全是教师教，主要是引导学生们自己教自己，学会的学生教没有学会的学生。

在我们的课堂教学中，运用信息技术辅助教学，就可以采用"先学后教"的方法，因为信息技术是一门创造性、实践性较强的课程。它不仅要求学生要掌握一定的计算机基础理论知识，更重要的是，培养学生的动手能力。这就要求教师能给学生足够自主的空间和活动的机会，真正做到"以参与求体验，以创新求发展"，培养他们的学习自主性，让学生体验探究的过程和方法，体验从中获得新知和能力的乐趣，从而激发他们的创造力。

(三) 结合实际，学习洋思

学习洋思的经验，不要毫无目的照搬照抄，而要结合本学校和本班级学生的具体情况来学习来实施。并且还要根据自己学科的特点，结合教学的具体情况进行运用，形成适合我们学校学生特点的教学模式。我们学习洋思的经验，不是简单模仿，而应该是解读与反思。

"路漫漫其修远兮，吾将上下而求索。"我相信，如果我们也有着洋思的精神，我们今后的教育教学工作将会更上一层楼，取得更好的成绩。

第二节　赴深圳参加全国中小学校本教研实施策略与教师专业发展研讨会学习汇报材料

2010年10月28日至11月1日我被学校派往广东省深圳市参加了全国中小学校本教研实施策略与教师专业发展研讨会。会上听取了浙江省教育厅教研室张丰主任和成都大学师范学院陈大伟教授两位专家的报告。

本次研讨会的目的：帮助各学校扎实推进校本教研工作，规范校本教研管理，开拓校本教研新途径，进一步总结校本教研工作经验，研讨校本教研工作推进策略，大力促进教师专业发展。

[组织机构]

主办单位：中国教育学会教育机制研究分会

承办单位：广东省深圳市教育局

[会议情况]

本次研讨会有来自全国20多个省市的一线教师、教研员、科研工作者、教育行政领导参加。会议地点设在深圳市长安大酒店三楼会议室。10月29日听取了浙江省教育厅张丰主任《校本研修的实践嬗变》的报告。他的报告系统地介绍了浙江省从2004年到2010年校本研修的进展情况，以及浙江省校本研修的四大特色，还有张丰主任对校本研修的实践经验与自我认识。

10月30日上午,成都大学师范学院陈大伟教授做了题为《实施有效研修促进教师成长》的报告,在报告中强调了校本研修是促进教师专业成长的重要途径,只有在校本研修中,树立以人为本的研修观念,建构良好的研修环境,开展多种有效的研修活动,才能真正促进教师的专业成长。下午报告的题目是《观课议课与有效教学》,陈教授用生动、形象的语言讲述了教研活动中应怎样观课、议课。

[心得体会]

张主任和陈教授的报告内容丰富,讲解幽默风趣,语言生动形象,我们大家受益匪浅。我感触最深的有以下五个方面。

1. 张丰主任把浙江省校本教研的特色系统地概括为四个方面的内容:

第一个方面,从全面改进学校教学业务工作的眼界来推进校本研修,以接地气的方式和融入常态化工作的思路,展开教学业务工作的组织性变革和实践创新。

第二个方面,以教研活动与培训活动的教师为研究对象,研究组织策划的方法和技术。在教研系统与相关学校中探索教研案例的研究形式,研修活动的质量明显提升。

第三个方面,从教师教育与教学管理的双重眼界来推进校本研修,发挥学校教学管理的指导性功能,使管理也成为一种研修活动。

第四个方面,教师研修从改进教学过程做起,在聚焦课堂,历经课堂观察与课例研究的普及推广后,倡导关注教育教学全过程,提升教师的教学能力。

他介绍了浙江省2004年到2010年校本研修的进展情况,让我们了解了浙江省校本研修取得的巨大成就。同时他也把自己在校本研修中的实践和认识感受与大家分享。其中在谈到学校教学业务组织机制的改革时,使我对教学业务整体工作的体系有了清晰的认识,他把教学业务体系分为四大块:事务性业务(学籍学分管理、教学后勤服务、调度组织考务)、过程性业务(教学计划执行、教学常规管理、教研组管理指导、学生学习指导、评价分析与教学指挥)、建设性业务(教学改革课题、课程资源建设)、发展性业务(教师业务管理、校本师资培训)。同时,又明确了教学业务工作的重点:教学管理的改进、教学过程的改进、教师研修活动的改进、教师研究管理的改进。这些为我重新整理了的教学业务管理工作提供了新思路、新方法,对照我校目前教学业务管理的状况,知道了有许多地方需要改进、重构,有许多地方需要更加精细化完善。我将会根据新的思路、新的方法,找准学校教学管理工作的切入点,更好地做好学校教学业务管理工作。

2. 张丰主任强调课堂教学改革的突破口,在于课堂教学模式的改变,在于课堂教学的有效性。对于课改的三面旗帜:杜郎口中学、兖州一中、东庐中学的课堂教学做了深层次的分析。杜郎口中学课堂教学模式:预习课→展示课→反馈课;兖州一中的循环大课堂,即"展示+预习";东庐中学的讲学稿教学。这三所学校在教学环节都有一个共同点,都是强调预习的重要性。这一点让我也更加深刻地认识到预习在课堂教育教学中的重要性,对这三所学校课堂教学模式的了解,帮助我对重新评价课堂教学模式有了新的认识,促进了我们对课堂教学评价的反思,明确了今后评价的方向。这对我的感触很深,更让我明确了有效的课堂不是精致的课堂,而是简明而充分的课堂。

3. 张丰主任还特别强调关注学生作业的功能,他说对学生作业的批改和作业布置,是对学生学习情况的诊断,学生作业可以暴露学生的思维过程,是对学生学习的考查,所以教师对学生作业的批改和作业布置应该特别重视。同时他指出,学校不应该再提倡月考,频繁考试的干扰对学生是不利的,应改为关注单元测验,以单元测验当作学生对所学知识的检测和了解。

4. 陈大伟教授《实施有效研修，促进教师成长》的报告，使我对学校教师的培训又有了新的认识和新的理解。也认识到校本研修是校本教研和校本培训的有效整合，它旨在帮助解决教师的专业成长问题，校本研修如何做到"有效"呢？陈教授用四个词来概括——"激情、思想、生态、实践"。具体而言，一是要激发教师专业成长的激情；二是要帮助教师树立思想的成长观；三是要建设利于教师成长的生态环境；四是要聚焦课堂，组织教师观课议课，在实践活动中开展校本研修。同时，又给我们提供了有效研修具体的路径和方法。这些对我们在本校资料缺乏的情况下，搞好校本培训和校本研修有很大的帮助。

5. 陈大伟教授另外一个报告《观课议课与有效教学》，探讨了教师应该如何从"听课评课"到"观课议课"，以及如何才能落实好观课议课，以实现有效教学。他从如何理解观课议课、准备观课议课、实施观课议课、有效教学的评价标准等方面，用生动的生活事例，深入浅出地讲解了观课议课。通过报告，我开始思考如何搞好我校教师观课议课活动，如何提高我校教师观课议课的质量和效益，为今后实践工作提供了有效的方法和策略。

总之，这次研讨会的召开，对帮助我们进一步规范校本教研管理，开拓校本教研新途径，促进教师专业发展有重要作用。我将会运用好自己所学所得学好这些经验，运用到自己的教育教学管理中，来提高学校教育教学管理水平，进一步提升学校教育教学质量。

第三节　赴苏州参加信息化管理干部领导力提升培训班学习心得体会

2017年5月22日至27日，我非常荣幸地参加了市教育局举办的2017年全市信息化管理干部领导力提升培训班赴苏州的学习培训。这次培训方式以集中面授和观摩学习为主，内容主要包含："互联网+教育"背景下数字化教师成长的新思考；思维导图在教学中的运用；数字化课堂专题研讨；苏州市教育局信息化示范校实地观摩学习，了解学校教育信息化建设与成果，走进信息化课堂，感受苏式课堂教学模式，了解信息化教学给教师和学生带来的变化，感受数字化校园的特色；开展教育信息化相关专题座谈和研讨等。

非常感谢领导给我提供了这次宝贵的培训学习机会，我倍加珍惜这次难得的培训学习机会，在整个培训学习期间，我态度端正、听课认真、做好笔记，自觉遵守各项规章制度。通过此次培训，我开阔了眼界，受益匪浅，深刻地认识到了先进的信息技术化的重要性，明白了先进性教育信息技术在教学中可发挥的重要作用，在教学中可起到事半功倍的效果。我也认识到了自己不能只满足于"一桶水""一缸水"的现状，要有顺应时代的"活水"来充盈自己。要不断地学习，接受新理念、新技术、新事物，学会并利用新理念、新技术，才能跟上现代教育的步伐。

四天的培训学习中，聆听了几位专家的报告，这些报告都让我印象深刻。苏州市教育信息中心张兰娟主任《苏州：稳步走向"教育信息化3.0时代"》专题报告，让我们全面了解了苏州市教育信息化发展历程，感慨铜仁教育信息化跟苏州教育信息化的差距。北京四中网校李仁奎老师《信息技术与课堂的深度融合》专题讲座，讲述了大数据给社会生活带来的巨大变化，给我们介绍了信息化技术与学科深度融合的国内发展历程，通报了教育部发布的教育信息化十年发展规划，强调信息技术对教育发展具有革命性影响，必须予以高度重视。同时给我们讲解了翻转课堂理念，让我们掌握了翻转课堂"三翻""二转""十环节"教学技巧。苏州工业园区叶鹏松校长《"互联网+"背景下未来教育展望》专题讲座，进一步厘清了"教育+互联网"与"互联网+教育"的关系，带我们领略了思维导图在教学中的运用，感知思维导图在教学中的魅力。苏州中学园区校朱向峰校长《"互联网+教育"背景下数字化教师成长的新思考》专题讲座，感悟了校长如何进行顶层设计、建立机制、传承与创新、激励与引领、改变教师理念，进而提升教师信息化素养。苏州大学教师、教育学博士付亦宁主讲的《APP在教育教学中的巧妙运用》，掌握了移动教学和移动互联网时代学习方式的多项技巧，让我们现场学习和掌握了学习软件有道云笔记、扫描全能王、UMV互动等的运用。

培训期间，我们到苏州工业园区第一中学和星洋学校两所教育信息化示范校实地观摩学习，不但了解了学校教育信息化建设与应用成果，走进信息化课堂感受苏式课堂教学模式，体验信息化教学给教师和学生带来的变化，感知数字化校园的特色。这些使我震撼很强，感触很深，想法很多。

苏州工业园区第一中学位于苏州工业园东振路，是一所规模宏大、设施完善的新生的初级中学。学校建筑布局合理、校园环境幽静典雅，为培养和发展学生的特长，学校设有美术室、音乐室、艺术体操室、陶艺工作室等。学校建有开放的校园闭路电视系统、广播系统、计算机网络教育系统，每间教室有彩电、投影仪和多媒体。设有网络教室、多媒体演播室、阶梯教室、多功能活动大厅、电子阅览室和一流的校园智能网络。我们去的时候，刚好碰上了由苏州市电化教育馆、苏州工业园区教师发展中心举办的数字化学习观摩研讨会，举办方给我们铜仁市来的老师准备了同课异构的两节数学课，课题是《全等三角形的复习》，上课的老师分别是来自葛江中学的杨丽娟老师和苏州市阳山初级实验学校的毛文奇老师，利用小组合作学习，采用了翻转课堂教学模式上课。他们俩把学习任务前置，上课之前从未跟学生谋面，但是他们通过互联网给学生布置了作业，学习云平台把学生作业的情况反馈给了他们，针对学生掌握知识的情况进行了再备课，对每一个学生的学习情况做到了如指掌，所以上课时教与学的氛围非常融洽。之后，园区教师发展中心的教研员对课例进行了点评，他强调翻转课堂的前置学习既要报喜又要报忧，教师再备课要准备充分，教与学的关系要融洽，他的点评真正意义上让我了解了翻转课堂模式。

工业园区的星洋学校是一所九年一贯制学校，现代化的管理理念，一流的师资及设备，在这里让我们感受到浓浓的学校文化，花园里、走廊里、教室里每一个角落都让人感到浓浓的育人氛围。2012年建校的星洋学校利用"互联网+"教育的方式运作管理已经成为教育界的传奇。在星洋学校的未来教室里，我观摩了两节课，语文、英语各一节，教师能够熟练地使用信息手段进行教学，智慧学习云平台进行人机信息互动，希沃授课助手反馈学生学习情况，学生参与积极性高，掌握知识速度快，对知识记忆深刻，已经把信息技术深度融合为课堂元素，从中可以看出师生的整体素质都很高。

培训结束前，电教馆又举办了别开生面的主题沙龙活动，在培训班主任王扬老师的精心组织下，参加培训的全体学员以小组参与形式分别就最关心的问题进行了探讨和解答，大家各抒己见积极参与，现场气氛热烈，通过这种方式解答了大家心中的疑惑，让我们这次培训圆满结束。

通过这次培训学习，我把自己学校的配置跟苏州进行了比较，发现我们设备配置有的还算比较先进的，只是没有完全发挥其功能，达到最好的效果。我校是一所初级中学，教育局早几年给每一个班级都配置了班班通、先进的录播系统、教师电子备课室以及电子大屏幕。关于学校在信息化校园建设方面，我个人觉得回去以后可以努力去做的有四点。

1. 及时召开学校教师会，把这次培训学到的先进理念、先进技术进行通报。我们的教师需要更多地去学习其先进理念，而不仅仅是学习操作。可能年老的教师觉得无所谓，但年轻教师还要在教育的道路上走好久，在不久的将来教育环境定将发生很大的变化，如果不能及时学习适应，将会跟不上时代的潮流。

2. 经常利用暑假等这样的培训学习机会，对老师进行教育技术能力方面的培训。我校部分老师的教育技术技能仍然需要进一步提高，比如，在班班通及教师个人电脑清理、维护以及 Word、Excel 这些常用办公软件的使用方面还存在较大困难。而计算机操作技能提升，对自己工作效率等各方面工作的开展是有百利而无一害的。

3. 尽量及时派教师参加教育局等组织的培训学习，努力提升配备设备的使用率。我们在接下来的一年里，要依托"一师一优课、一课一名师"活动的开展，促进信息技术与课堂教学的深度融合，让教师熟练掌握电教系统设备，提升教育教学质量。

4. 建设我们自己的教育资源平台，把老师们的优秀教学案例、资料、教学视频以及微课等一些视频资源都进行整理收集、共享，教师能够通过资源平台获取教学资源。

信息技术的发展在各行各业都带来了翻天覆地的变化，但在教育领域仍然效果有限，这也是整个教育界仍在努力探索的方面。几天的学习参观虽紧凑而短暂，但收获很大，不仅开阔了眼界，而且在理念上有了根本性的更新，叹服之余，深感教育差距的存在，工作中的缺憾与不足，许多优秀的经验值得借鉴与学习。在以后的工作中，我们将学以致用，把自己培训所学到的知识融入日常的教学管理中，努力提高自己的教学水平，为学校教育发展贡献自己的力量。

第四节　国培计划（2019）中西部项目

——易地扶贫搬迁安置点中小学校长培训心得体会

2019年12月3日，国培计划（2019）中西部项目——易地扶贫搬迁安置点中小学校长培训班在西南大学拉开了序幕，我有幸赴西南大学参加了其初中校长培训班，十五天的培训转瞬即逝，学习中，我严格要求自己，以积极主动、认真的态度去学习，严格遵守离岗研修相关规章制度，按时参加和完成安排的各项活动和任务，同时查找自身不足，带着问题去看、学、思、悟，积极参与到理论学习和小组交流讨论中去。

通过聆听专题讲座、实地教学考察、参加活动等方式，我提高了认识，升华了思想，增长了知识，开阔了视野，感触良多且受教不已。

一、专家引领提升理论素养

在西南大学培训学院的精心组织下，我们聆听了《校长引领教师发展的系统建构》《孔子的教育思想与管理》《核心素养背景下的校本课程开发》《社会生态全变——学生如何学习？教师怎么教学？》等多堂精彩的讲座。每一位专家的讲座都深入浅出，理论联系实际。讲座内容既有经验分享，也有教训总结，还有直观的操作方法。学习后我受益匪浅，心中明了前进的工作方向。

作为分管学校教学的副校长，我将把这次培训所获回校与杨校长汇报,在杨校长的领导下,通过学习我会努力做到以下方面。

终身学习,把握信息。正如重庆市江北区教师进修学院的李大圣老师所说:"眼睛所看到的地方,不一定是脚走到的地方。"这句话让我明白:思想要先于行动。作为学校的管理者,我们要树立终身学习的理念。通过学习把握党和国家的教育方针、政策、法律法规,了解国际国内教育教学的新动向、新成果。这样,才能不断更新观念、掌握现代信息技术,才能使自己变得充实,才能在日新月异的时代,引领教师在蜕变中不断探索、勇于创新。

慧眼识人,榜样示范。教师的岗位,注定不会出现可歌可泣的故事,但教师在教育教学中的点滴事迹,学校要想办法挖掘和倡导。以慧眼看人长处,多表扬多倡导,树正气讲奉献,讲点滴先进事迹让教师获得更大的认同,形成学校良好的育人文化。字水中学王毅校长说"多给教师褒奖,放大性的褒奖,让老师产生内省,使褒奖成为教师努力的方向",他的思想值得思考和借鉴。

加强爱国主义教育,培养教师的家国情怀,以育己育人的担当精神树教师形象。"皮之不存,毛将焉附"!让教师明白国家的重要性,真正认识小我和大我,有深厚的家国情怀,做学生思想的引路人。营造学习法律法规的氛围,让教师知道家国情怀最基本的就是要遵纪守法、依法治校。

建育人团队,以成人之美,美人之美之心形成育人合力。未来教育是合作的教育,是团队成长的沃土。要引导教师团结、合作,培养教师有胸怀欣赏同事成长,有成人之美、美人之美之心。

二、名校考察探领导魅力

12月7日,我们到巴蜀中学、字水中学实地教学考察,走进学校,每一处风景都是课堂,每一个角落都渗透着学习的氛围。通过考察我认识到,一所优秀的学校后面必定有一个优秀的领导团队。

学校领导在百忙中抽出时间亲切地接见我们，他们学识渊博、直率真诚、平易近人，有着很强的沟通能力和充满智慧的领导艺术。通过毫无保留的讲座和交流方式认真引导我们去学习、去思考、去进步。

一个学校的领导层、决策层就是这所学校的轴心，学校这个有机体是不是能高质量无噪声地运转，师生和员工是不是能自觉地绕着轴心高速运转，这就要看这个轴心的典范作用和凝聚力。因此，这套班子的所有成员都要起到带头作用，在工作上要廉洁自律，处事公正，办实事求实效，在教学上要以严谨的治学态度扩大非权力性影响，在行动定位上要树立领导就是服务的理念，为全体教职工服务，着力解决教职工的困难福利等后顾之忧的实际问题。虽然我们和先进的学校有很大差距，但是差距就是动力，也是发展潜力。他山之石，可以攻玉，我将不忘初心、牢记使命，将所学经验内化于心、外化于行，武装好自己，为将来的工作奠定好基础，为教育事业尽心尽力、奉献终身。

西南大学的学习接近尾声，培训前的一些迷茫逐渐清晰明朗，各位专家对学校发展定位、发展战略的思考，优秀学校良好的校风、教风和学风都给予了我潜移默化的影响，进一步充实了自身理论功底，提高了全面贯彻教育方针、实施素质教育的水平与能力，使我的人生价值观、管理理念以及工作作风，都有了成长的蜕变。我一定不断学习，努力提高自己的教育管理能力，将所学实际运用到今后的工作中，为办好人民满意的教育而努力，不辜负领导和人民群众的重托与厚望。

第五节　松桃苗族自治县 2018 年寒假中小学校长及后备干部培训

学习汇报材料

2018年2月1日至2月7日我校共7人参加了松桃苗族自治县2018年寒假中小学校长及后备干部培训学习，为此我感到非常荣幸。本次培训的方式以集中面授与讨论学习为主，白天集中学习，晚上以集团校为单位讨论松教督〔2017〕11号等五个文件。

本次培训会的目的：加强我县中小学校长队伍建设，拓展中小学校长综合视野，点燃教育热情，增强教育的使命感和责任感，提升教育管理综合素养和实操能力，引领全县教育复兴战略的有效推进，提高教育教学质量。

[组织机构]

主办单位：北京中科智惠教育科技院　松桃苗族自治县教育局

承办单位：松桃民族中学

[会议情况]

参加本次培训会的有全县初、高中学校（含职校）校长、副校长、校长助理、教务主任、政教主任，全县28个乡镇街道所在中心完小和县直小学校长、副校长、校长助理、教导主任以及教育研究室的研究员，共计276人。会议地点设在松桃民族中学勤朴楼二楼会议室。

2月1日15：00举行了开班典礼，滕建勋副局长主持了会议，会议议程共有三项。第一，招生考试院院长龙昌胜同志宣读了培训文件并强调了培训纪律；第二，北京中科智惠教育科技院副院长闵诗培同志就培训的课程设计进行了解读；第三，县政协副主席、教育局局长田茂军同志做了重要讲话，会上，在充分肯定全县教育工作者为教育所付出的艰辛努力及所做出的成绩同时又指出，由于人民群众对美好教育需求愈来愈高，当前我县教育现状已经不能满足人民群众的需求，他从校长常规工作的执行力、教学质量方面存在的问题及教学管理中出现的问题三个方面分析了我县教育滞后于全市的原因，并勉励大家要用教师对教育的情怀撑起松桃教育的明天。

2月2日上午至2月6日上午，主要聆听了：中国教育专家委员会副会长杜金山校长、中国教育专家委员会特聘专家贺永冬校长、全国"首届十大最具影响力校长"李升勇校长、中国教育专家委员会副会长田汝华校长、全国著名课改专家杨维平校长、华南师范大学教育硕士宋俊威校长，以及"中国基础教育百佳杰出"胡正平校长等几位专家的报告。除此之外，每天晚上我们就松教督〔2017〕11号等五个文件进行讨论，并把讨论意见和建议汇集成书面文字上报。集中面授结束之后，以龙头学校为主的集团化团队结合自身实际情况，从学校感悟、思维碰撞、学以致用等几个方面精心编制了"团队学习成果创意展示"，县教育局进行了评比。以我校为龙头的松桃民族寄宿制中学集团，包括牛郎中学、世昌中学、平头中学一共四所学校。我们集团命名为"四头牛"教育团队，寓意我们四所学校将团结一致，以"俯首甘为孺子牛"的精神，不忘初心、砥砺前行，为了松桃教育的明天，不懈奋斗。我们用PPT准确地展示了我们集团在这场培训会上的学习成果。

[心得体会]

几天的培训学习，聆听了几位专家的报告，这些报告都使我印象深刻，受益匪浅。杜金山校长站在国家民族教育发展的层面，以一个教育家对教育的情怀给我们分享了《学校管理中的四大领导力》，让我以前在教育管理上的困顿和疑惑一下子茅塞顿开；贺永冬校长面带微笑，语言亲切地就《青年教师的专业发展》探讨了青年教师应该如何做好自我成长规划，青年教师要成才，首先要经历"上好课"到"会说课"再到"会评课"的飞跃的这样一个过程，这为我校如何培养好青年教师提供了明晰的思路。贺校长的第二个报告《课程改革中的顶层设计》，让我们明白学校层面对课程改革的重要性；被誉为"四大草根式教育家"的李升勇校长的报告《现代学校管理与特色发展》，以他在乐陵实验小学办学的成功经验，告诉我们一个道理：办好教育不难，就是要实实在在地坚持下去，抓常规同样也能形成学校特色。他总结的养成教育标准化、德育活动系列化跟我们的做法、想法是一致的，与我们的思想产生了共鸣；广西蒙山教育的领头羊田汝华校长在《学校教学质量可持续提升的有效策略》中指出，学校就是要不遗余力地抓好教学质量。他说："我相信，学校抓什么，就会有什么。"他的讲话深入浅出、案例生动，可操作性强；课改的实干家杨维平校长在《学校管理与评价体系与有效落实》中，分享了他在湖北荆州北门中学课改的成功经验以及如何用绩效管理学校的成功经验，很实用很有借鉴意义，为我们制定有效的绩效管理制度拓宽了思路，为我们开阔了管理视野。

总之，这次培训学习让我确实学到不少知识，我将把这次学到的理论与我校的实际相结合，学以致用，并在杨鹏校长的领导下，深化学校内部改革，健全学校规章制度，全面提升我校的综合竞争能力，提高学校教育教学管理水平，进一步提升学校教育教学质量。

第六节 国培计划（2017）中西部项目
——区域性教师网络研修与校本研修培训心得体会

2017年11月15日至2018年3月31日，我有幸参加了国培计划（2017）中西部项目——区域性教师网络研修与校本研修项目示范校培训，作为一名来自教学第一线的中学教师，我高度重视和珍惜这种国家级的国培计划的培训，期望通过培训让自己的理论修养和教育水平得到大幅度提升。经过这几个月的培训，带给我多方面启迪，在思想上有脱旧如新之感，特别是在理念创新方面，我更是如沐新风，受益匪浅！结合我的教学专业和在学校的管理工作，我将本次培训四个方面的心得体会分享并汇报如下。

1. 注重教师业务水平的提高

大力提倡教学的今天，学校教育重视学生的综合发展，指的是不仅要重视考试分数，也要重视学习能力等，很显然这仅仅是倾向于学生发展。我认为，充分注重教师业务水平的提高要与学生的综合发展齐头并进。教师的教授水平与教师业务水平又是成正比的，业务水平又决定了教授的质量，共同作用到学生身上，成就了学生综合发展，品质高低的问题。如果学校不注重教师的业务水平提高，教师本人也没有进行业务水平更新，久而久之，职业倦怠就会自然形成，这种现象已比较普遍，所以，要充分注重教师业务水平的提高，否则既废掉了教师也耽误了学生。

2. 学校要积极开展教研活动

学校教研活动是一种实践性的研究活动，能够深入研究教育教学的具体问题，通过合作交流，让教师之间相互学习。通过教研活动研究课程标准、教学、教材，能够提高教师教学的能力。通过观课议课的教研活动，可以让教师增长见识，开阔视野，对自己的教育教学进行反思，促进教师不断成长。

3. 重视校本研修与网络研修的有机结合

校本研修是基石，学校及教师要竭力夯实，网络研修是科技发展时代的新产物，网络研修是教学与管理发展的趋势。教师和学生借助网络平台可以完成资料查阅、资源利用、师生之间沟通等，网络研修提供了无比便利的平台和渠道，是教师提高业务能力的重要途径。所以，教师和学校一定要重视校本研修与网络研修的有机结合。

4. 教师要学会通过网络学习

网络的普及不过才几十年的事，但是带给人们的冲击却是颠覆性的，网络的出现加速了世界之间的联系，改变了经济结构、军事、教育乃至人们的生活方式，所以教师要通过网络不断学习、不断更新，一是学习专业教学理念，强化专业发展意识；二是学习并熟练掌握网络软件、硬件的使用；三是积累学科专业知识，奠定专业成长基础。通过这次培训学习，我深刻认识到：在当今信息技术大发展的时代，一名合格的教师应该能够积极探索信息技术与学科深度融合，充分利用网络学习，并使之成为提高教学质量的有效途径。

通过这次培训，我会在今后的教学和教研工作中，继续努力学习，不断拓展自己在学科教学专长领域的发展，争取做一名终身学习的教师！